JN212094

辻 正矩＋藤田美保＋守安あゆみ＋佐野 純：共著

みんなで創る ミライの学校

21世紀の学びのカタチ

築地書館

もくじ

まえがき

今世紀に入って、教育のことが多くの人の関心を集めるようになりました。経済のグローバル化が進み、ＩＴやＡＩ（人工知能）の技術が進歩し、私たちの住む世界は、より速く、より便利に、より変化のはげしいものになってきています。そのような時代では、今まで学校で学んできた知識や技術とはまったく違った高度な情報処理能力や情報発信能力が求められます。その一方で、顧客や職場の人との人間関係をうまく調整する能力も求められています。これもまた、学校教育では重要視されなかったことです。

最近、文部科学省は、グローバル化に対応した人材の育成に力を入れるようになりました。それは、主体的・批判的に考える力や積極的に社会と関わる力を学ぶ、いわゆるアクティブ・ラーニング（主体的・対話的で深い学び）の導入です。この方向性は、日本の教育を変革していくために必要なことではありますが、今の学校の体制では思ったほどの成果は得られないでしょう。本気でやるなら、もっとクラスの人数を少なくし、テストによって学習を動機づけるのではなく、学ぶ楽しさが感じられ、子ども自身が学びたいと思う学習内容や教育方法に変える必要があります。「教育」を表す英語の Education の語源は、「教える」ではなく「引き出す」ですが、「教える教育から引き出す教育へ」のパラダイムシフトが必要です。教えられ与えられる受け身の「授業」から、一人ひとりの興味関心を軸に子どもの可能性を引き出す「学び」へと、教育理念の転換が図られねばなりません。とはいえ、それは急にできるものではなく、対話と試行錯誤の積み重ねと、関わる大人（教師や保護者）のあり方と考え方の変容が必要です。私たちの学校では、一六年間そのことに正面から取り組んできました。紆余曲折はありましたが、やっとそのやり方がわかってきたように思います。

私たちの学校がオルタナティブスクールだったからこそ、世の中に先駆けた教育をやってこられたとも言えるでしょうが、こんな時代だからこそ、私たちの積み重ねてきた経験が役に立つものと信じています。日本の教育の混迷が深まる中、子どもが主体的で対話的に学べる学校があり、これからの社会を切り開いてくれる子どもたちが育っていることを、子育て中の方や子どもの教育に関心のある方、このような学校をつくりたいと思っている方、そして日本の学校をなんとか変えたいと思っている方たちにお伝えしたくてこの本を書きました。みなさんに読んでいただければ幸いです。

第1章 小さな学校の日々

教師の側から知識を授けるよりも、
まず知識をもとめる動機を
子どもたちがもつような学校が、
真の学校である。

——ジョン・デューイ

中学部ができた

保護者の思いが原動力

「息子のために中学部があったらいいと思うのですが、つくってもらえませんか？」

始まりは、二〇一三年度二学期の個人懇談での、ある保護者の方のこんな一言でした。

「うちの子は今、この学園に通っていることで、自分を大切にしながら学べるステキな教育を受けられているけど、ここで育ててもらったことをそのまま続けられる中学校がなかなかないんです。今ここで受けているような教育を、中学校段階でも息子に受けさせたいと考えているんです」

保護者の方にそう言っていただけたのはとても光栄なことでしたが、「学校をつくるって、すごく大変なことなんです。保護者の方が『つくってほしい』と言うだけではなく、『一緒につくる』という覚悟をもって関わってもらわない限り、スタッフだけでは中学部をつくることは難しいと思います」。そのときは、そうお答えするしかありませんでした。

今までにも、保護者の方から「中学部をつくってほしい」という声があり、二度ほどチャレンジしたことがありました。けれども、資金面や生徒数確保などの問題をクリアすることができず、結局立ち上げには至らなかったのです。「小学部だけでいいんじゃないか」「中学部よりも、幼年部の方が先では」など、いろんな意見が出る中で、中学部づくりが進展することはありませんでした。そんな状況だったので、中学部をつくってほしいと言われても、簡単なことではないし、みんなの思いが一つにならないと、とても無理なことだと考えていました。

そして年が明け、箕面《みのお》こどもの森学園の新年会が行われたときのことでした。おいしい手料理を食べながら、スタッフと保護者が歓談を楽しんでいたとき、中学部をつくってほしいと言った保護者の方が近づいてきて、こんなことを言われました。

「実は自分も、一緒に学校をつくるってどういうことなのか、あれからずっと考え続けてきました。そして、覚悟を決めました。『一緒にこの学校の中学部をつくりませんか』と、他の保護者の方たちにも呼びかけてみようと思うんです」

その言葉にとても驚きましたが、この言葉がきっかけとなり、他の保護者の方々にも一緒に中学部の設立を目指すことを呼びかけてみると、「うちも、子どもをこどもの森学園の中学部に通わせたい」「私も一緒に中学部づくりをしたい」という方たちが現れ、今まで諦めていた中学部づくりに、スタッフも保護者も一緒になって取り組むことになりました。

中学部を立ち上げるためには、まずは新しくつくる中学部の教育に中心になって携わってくれるスタッフが必要です。幸いにも、学園のスタッフの中に中学生を教えた経験のある人がいて、その人が保護者の方の思いを受け入れて、中学部の担当スタッフになることを引き受けてくれました。

中学部開設準備会

私たちが小学部を立ち上げたときのように、中学部開設準備会を立ち上げて毎月打ち合わせ会議を開き、私たちが目指す中学部像、入学希望者のニーズの調査、カリキュラム、組織体制、施設の建築計画、資金集め、生徒募集や入学考査の方法などを話し合い、各人が分担して取り組んでいきました。中でも最も力を入れたのは、生徒募集と校舎建設のための資金集めでした。

生徒募集は、中学部開設の思いをいろんな人に伝えるために中学部の学校説明会を開催し、保護者とスタッフが一緒になって立ち上げる中学部であることをアピールしました。説明会には、毎回、中学部開設準備会メンバーの保護者も一緒に参加してくれて、「なぜ、学校を一緒に立ち上げてまで、箕面こどもの森学園の中学部の学びを子どもに受けさせたいと思うのか」という保護者の思いを参加者のみなさんに伝えました。

学校説明会で、こうした保護者の熱い思いを直接聞いたことによって、「かなり迷ったけど、最終的には、一緒に中学部を立ち上げようとしている保護者の方の言葉が決め手になりました」と言って、入学を決断されたご家庭もありました。

保護者の人たちと一緒に、生徒募集のために、夏の暑い日にもかかわらず学園の外壁に掲示板を作ってポスターを貼ったり、生徒募集のチラシを作成して、この学園の中学部に関心を持ってくれる人が行きそうな自然食の店やオーガニック食品のカフェに置いたりしました。その他、ＳＮＳのフォロー数を増やして生徒募集の情報をシェアするなど、みんなで知恵を出し合って、いろんな試みをしました。

こうした活動が実を結び、小学部からの進学者四名に外部からの進学者三名を加えて、七名の新一年生を迎えましたが、これは私たちの予想を上回る生徒数でした。まだそのときは中学部の校舎は建てられていなかったので、それができるまでは小学部校舎の一室を使うということで、二〇一五年四月に念願の中学部がスタートしました。

中学部校舎を建てよう！

中学部校舎の建設計画は、中学部開設準備会ができたときから一番大きな課題で、準備会では、どんな建物にしたらよいか、どうやって建設資金を集めたらよいのかに頭を悩ませました。

中学部校舎の模型

いろいろ話し合った結果、今の校舎の西側にある木工室を取り壊し、そこに三階建ての校舎を建てることになりました。新校舎の一階部分は多目的に使えるようにし、二・三階を中学部の学習室にするということで、設計が進められました。二階には簡単な調理ができるようにミニ・キッチンを設け、セミナー室のような形式の部屋にし、三階をふだん中学生がいる学習室にしました。建物の仕上げはなるべく簡素なものとし、空調や照明などの備品は必要最低限なものだけにしました。

建設業者に見積もってもらうと、校舎建設に約二千万円必要だということがわかりました。たくさんの人たちの思いでできた中学部にしたかったので、建設資金については学校関係者だけでなく、一般の方々にも広く呼びかけて、寄付金を集めることにしました。クレジットカードが利用できるインターネットの寄付サイトを立ち上げたり、知り合いの助成財団の方に寄付をお願いしたりしました。本当にたくさんの方々が応援してくださり、建設工事が完了した一二月には、目標とした二千万円を少し上回る金額を集めることができました。中には、自分のお小遣いから、募金箱に寄付をしてくれた学園の子どもたちもいました。たくさんの方々が私たちの思いに共感してくださったことを本当にありがたく思いました。

中学部校舎は、開校した年の八月に着工することとなったため、それまでに建設予定地に建っている木工室を解体しなければなりませんでした。小学部校舎ができる前の年、何もないこの土地に初めにできた建物がこの木工室でした。箕面の山の間伐材を使い、大学生や地域の方など、いろんな人が関わった手作りの木工室。この木工室で、子どもたちは、本当にたくさんの作品を作りました。

その思い出深い木工室の解体作業をしたのは、四〇度を超える記録的な猛暑の続く八月初めの頃でした。朝から子どもたち、保護者、学校スタッフなど約二〇人の方が集まってくれました。みんな建物の解体作業は初めてのことでしたが、高い足場の上でガンガン解体作業をする人、下の方でいろんなものを運ぶ人、飲み物やお弁当などを用意する人、いろんな役割を分担して作業を進めました。建物の壁と床の材料を全部はがしたところで一日目が終了。終わったときはみんなヘトヘトで、かなり体力を消耗した感じでした。二日目は骨組みだけとなった建物の躯体を、みんなでロープで引っ張って倒しました。思い出

解体中の木工室

がいっぱい詰まった木工室が倒れていく様子が、今でもありありと思い出されます。熱中症を心配するほど過酷な暑さの二日間でしたが、けが人もなく無事に終えることができました。

そして、八月初めに、子どもたち、保護者、スタッフなどの関係者二〇人くらいが集まって新校舎の着工式をしました。そのとき、いよいよ念願の校舎が建つのだという喜びがこみ上げてきました。夏休みの間に基礎工事が終わり、九月から建物上部の工事が始まりました。子どもたちは、毎日建物の出来上がっていく様子を興味津々に見ていました。工事中の建物の中を見せてもらったときには「うわー、すごい」「こんなになってんのやぁ」と口々に驚きの声を上げていました。そして、一二月初め、ついに中学部校舎が完成しました。

二学期最後の日、中学部が新校舎に引っ越しました。中学生とスタッフで力を合わせて、小学部校舎から中学部クラスの家具や備品を新校舎に運び込みました。念願の自分たちの校舎をもった中学部の子どもたちは、口々に「三学期が楽しみだ」と言っていました。

翌年の三月末に中学部校舎のお披露目会を開きました。当日は、日頃ご支援くださっている財団の方や、ご寄付くださった方をお招きし、中学部の校舎の内覧と子どもたちの発表を見ていただきました。参加された方々からは温かい励ましの言葉をいただきました。たくさんの方とのご縁があり、「学校をつくりたい。教育を変えて、社会を変えていきたい」という私たちの思いに共感してくださり、さまざまな形で応援をいただいていることで、今日の私たちがあるのだということをしみじみ感じた一日でした。

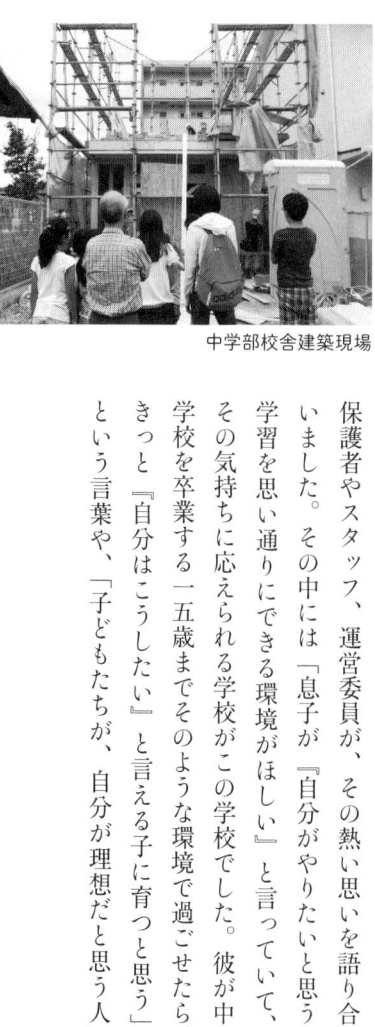

コンセプトは「学ぶと生きるをデザインする」

中学部校舎建築現場

「中学部をつくってほしい」という保護者からの要望を受けて立ち上げた、中学部開設準備会ですが、最初の会議では、中学部開設に関心のある保護者やスタッフ、運営委員が、その熱い思いを語り合いました。その中には「息子が『自分がやりたいと思う学習を思い通りにできる環境がほしい』と言っていて、その気持ちに応えられる学校がこの学校でした。彼が中学校を卒業する一五歳までそのような環境で過ごせたら、きっと『自分はこうしたい』と言える子に育つと思う」という言葉や、「子どもたちが、自分が理想だと思う人

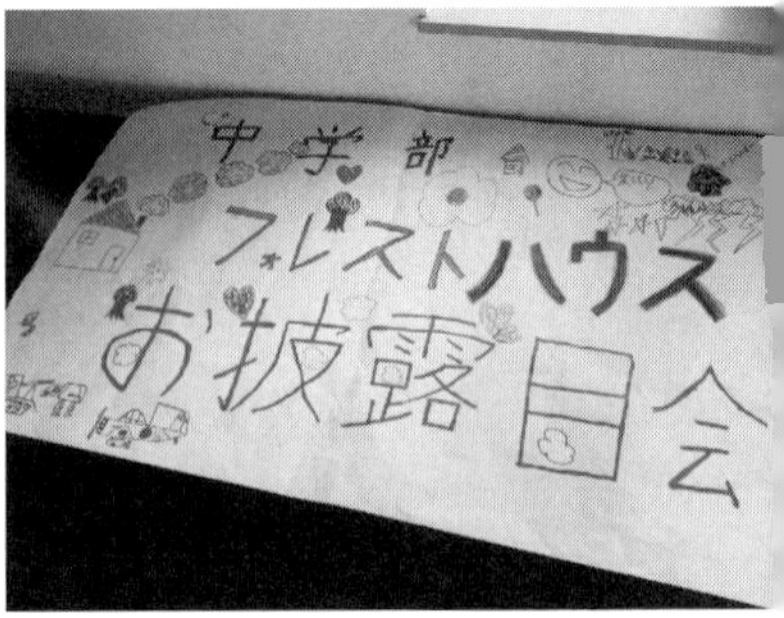

中学部校舎お披露目会

生をおくるためには、『自分は自分でいいのだ』と認めることができて、自分がどうなりたいか、どう生きたいかということを考えられるような教育が必要だと思います」といった言葉が保護者から上がりました。

そして、具体的に進めるために、中学部開設に必要な資金のことなどを検討する「経営ワーキンググループ」と、教育の中身を検討する「カリキュラム・ワーキンググループ」に分かれて検討していくことになりました。

経営ワーキンググループでは、生徒集めや校舎建設のための資金集めの方法について、保護者を中心にいろんなアイデアを出し合い、手分けして実際に動いていきました。カリキュラム・ワーキンググループでは、これからやらなければならないことをリストアップしました。そして、カリキュラムや時間割を決めていきました。そこで最も大切なのはコンセプト。どのようなコンセプトにするかによって、カリキュラムの内容が違ってきます。また、コンセプトを表現する言葉が入学を検討している人たちに響くかどうかで、入学者数も違ってきます。

カリキュラム・ワーキンググループのメンバーが集まって、「どのような中学部にしたいか」というコンセプトを考えました。「地球市民」「持続可能」「世界から学ぶ」「自分の道を歩む」などのキーワードが出てきました。最終的には、「学ぶと生きるをデザインする」「グローカルに生きる」「つくる・つながる・つづいてく」という三つの言葉が候補として残りました。さらに、これらの言葉について一つひとつ吟味しました。「グローバル」という言葉が一般的になり、世界を見ながらも自分たちの身近（ローカル）で活動することができるようにと「グローカル」を候補に挙げましたが、「まだ、この言葉はそれほど一般的にはなっていないし、説明しないと伝わらないかもしれない」という意見も出て、これは採用しないということになりました。「デザインする」という言葉については、アートとデザインの違いについて議論しました。アートという言葉は、独自の表現を突き詰めていくというオリジナリティが強いが、社会とのつながりは少し弱い感じ。一方、デザインという言葉は「社会とのつながりをつくる」という感じがある、という話になりました。箕面こどもの森学園の中学部は、小学部で学んで身につけたものを生かして、より発展的に社会とのつながりを見つけて、自分にできることを考えて行動できる人に育ってほしい、そういう思いを込めて「デザインする」という言葉を採用しました。

いろんな思いを短い言葉で表現するのは難しい作業でしたが、その過程で中学部の学びに対する考え方が共有できました。さらに、それを深めながら議論を進めて、メンバー全員が納得できる言葉として、「学ぶと生きるをデザインする」が選ばれました。ここに込められた思いは、「自分自身をより深く見つめ、自分の学びを『デザインする』ことを通して、もっと広い世界ともつながっていきながら、自らの人生を歩んでいく道を切り開いてほしい」ということです。このことは、最初に開かれた会議で保護者たちが語ってくれたこととも重なっています。

中学部を卒業した第一期生たちを見ていると、彼らが今もなお「学ぶと生きるをデザイン」している様子が感じられ、嬉しく思います。そして、今いる中学生たちも「学ぶと生きるをデザインする」とはどういうことかを問い続けながら学んでいます。

こどもの森の学び方

多様な学習プログラムと学びのしくみ

箕面こどもの森学園には、「ことば（国語）」と「かず（算数）」といった基礎学習の時間のほかに、「テーマ学習（中学部ではワールドオリエンテーション）」「プロジェクト」「選択プログラム」といった子どもたちの自発性や主体性を育むための多様な学習プログ

図1　小学部時間割

<table>
<tr><th></th><th>月</th><th>火</th><th>水</th><th>木</th><th>金</th></tr>
<tr><td>9:00〜 9:20</td><td colspan="5">ハッピータイム</td></tr>
<tr><td>9:20〜10:00</td><td>ことば・かず</td><td>ことば・かず</td><td>ことば・かず</td><td>ことば・かず</td><td>ことば・かず</td></tr>
<tr><td>10:10〜10:50</td><td>ことば共同</td><td>ことば・かず</td><td>ことば共同</td><td rowspan="2">テーマ</td><td>ことば・かず</td></tr>
<tr><td>11:00〜11:40</td><td>スクールワーク</td><td>テーマ</td><td>プロジェクト/選択</td><td>学習計画</td></tr>
<tr><td>11:40〜13:00</td><td colspan="2">昼休み</td><td>ミーティング・掃除</td><td colspan="2">昼休み</td></tr>
<tr><td>13:00〜13:45</td><td rowspan="2">プロジェクト/選択</td><td rowspan="2">プロジェクト/選択</td><td rowspan="3"></td><td>全校集会</td><td rowspan="2">プロジェクト</td></tr>
<tr><td>13:50〜14:40</td><td>プロジェクト/選択</td></tr>
<tr><td>14:40〜15:00</td><td colspan="2">ミーティング・掃除</td><td colspan="2">ミーティング・掃除</td></tr>
</table>

ラムがあります。また、それらの学習活動が円滑に行えるように「サークル対話」「ファミリーグループ」などのしくみがあります。

〈計画を立てる・振り返る〉

学習時間の枠組みとして時間割（図1）がありますが、その中で子どもたちは毎週、次の一週間に自分がやることを計画したり、選択したりして、自分だけのオリジナルの時間割を組んでいきます。例えば、月曜日の一コマ目は「ことば・かず」、二コマ目は「ことば共同」、三コマ目は「スクールワーク」でこれからやる行事の話し合い、四コマ目は選択プログラムの「英語A」、五コマ目は「プロジェクト」で椅子作り、といった具合です。

プロジェクトでは、子ども一人ひとりが今やりたいことを自分で計画して行います。その内容は何でもよくて、低学年のうちは主に手芸や工作、木工といった手仕事が多いです。基本的には一人でやりますが、お菓子作りや遊具作りなど数人で取り組むこともあります。高学年になると、動物の生態や歴史のこと、天体のことなど自分の興味があることを調べたり、絵本や小説を書いたり、小屋作りなど新しいことに取り組む子もいます。それにかける時間に制限はなく、数時間で仕上げる子もいれば、一カ月以上かけて取り組む子もいます。

作品が完成したら、そのまとめをします。まとめのシートに作品の写真を貼り、材料と作り方、工夫したところや気に入っているところなどを書き込み、自分が取り組んだプロジェクトについて振り返り、自分にとってどんな学びがあったか、次のプロジェクトに生かせることなどを考えます。

毎週金曜日に、この一週間で学んだことを「学習計画の振り返りシート」に記入します。振り返りの内容は、低学年であれば、「ねんどでせいうん（星雲）を作って楽しかった」「プラネタリウムを見て楽しかった」などですが、高学年や中学生になると、「電池が液漏れしていたから防災リュックの点検って必要なんだとわかった」「一次情報を調べ学習に取り入れることができたけど、うまく伝えることができなかった」などというものに変わっていきます。「振り返りシート」には、スタッフや保護者も書き込む欄があり、その子の学習に対するコメントを書いて伝えます。子どもは、自分自身の気づきやスタッフや保護者からのコメントを参考にしながら、翌週の学習計画を立てます。

こうして自分で決めた学習計画シートは、一冊のファイルに綴じられて、学習室の子どもたちが手に取りやすいところに置かれます。「あれ～。次、何するんやったっけ？」次の学習時間に自分が取り組むことがわからなくなると、子どもたちは、真っ先に学習計画のファイルを見にいきます。そして、「あ、そうやったな」などと言いながら、いそいそと自分で学習の用意を始め、取り掛かります。一年間分が一冊のファイルに綴じられるので、そのファイルが子どもたちの学びの軌跡を表しています。

学習計画の振り返り

このように学習計画を立てることと、その学習のプロセスを振り返ることがセットになっていて、自分を見つめ自分と向き合っていく機会にもなっています。

毎週の「学習計画の振り返り」のほかにも、毎月の「ことば・かずの学習計画の振り返り」、学期末の「学期の振り返り」「テーマ学習や行事の後の振り返り」など、たくさんの振り返りがあります。

これらの「振り返り」の中で、子どもたちが一番力を入れているのが「学期の振り返り」です。高学年や中学生ともなると、二時間以上もかけて、振り返り用紙にびっしりと細かい字で記入する人が多いです。その中には、自分の状況をしっかり見つめている内容のものや、スタッフが考えさせられるような内容のものもあります。

「五年生の漢字の復習をしたけど、いっぱい復習しても忘れている漢字が多い。漢字の読みは強いけど、書きは弱いんだなって初めて知った」「今学期も言いたいことが言えたと思う。他人の意見を否定もせず、自分の意見を言うことを大切にしたい」「前に進まなくてもいいから、今を生きる。今、自分のまわりにあるものを大切にする」

子どもが主体的に学んでいくためには、自分は自分でいいんだという自己肯定感が土台にあり、自分に向き合って自分で学びを決定していくこと。そして、その学びをいろんな機会に振り返っていくことが大切です。毎回の振り返りは小さなものですが、その積み重ねは大きな力となり、子どもたちの学びの豊かな土壌を育んでいくものとなります。

このように自分で計画を立てて実行し、その振り返りを毎回することによって、だんだん計画することや作業することがうまくできるようになります。このことは、個人でやる学習においても、共同でやる学習においても同じです。実際の製品開発や商品販売の現場では、PDCAと呼ばれる作業プロセスが重視されていますが、学校で学習するプロセスも、工場で製品を作るプロセスも本質的には同じです。この学校の子どもたちは、P「計画を立てる」→D「実行する」→C「振り返る」→A「改善する」といったことを、いろいろな学習場面を通して身につけていきます。

子どもたちが社会に出たときに本当に役に立つのは、学校で学んだ知識や計算問題を解くスキルではなく、このように仕事を効果的に行うという経験ではないでしょうか。

〈ことば・かず〉

ことば・かずの学習

こどもの森では、「ことば・かず」を基礎学習と位置づけて、毎日一～二コマ目の時間にやります。基礎学習では、読み書きや計算の技術を習得して「できる」ようになるだけではなく、「わかる」、そしていろいろな場面で「使える」道具とすることを目指しています。「わかる」「使える」ことは、論理的思考を育むだけでなく、自己肯定感にもつながります。その人に合った速度とやり方で進めていくことが、ことば・かずの学習では大切なことです。こどもの森では、多人数の一斉授業でも、試験の点数で競わせる授業でもなく、学習を自分のペースで進めていける「個別学習」と、ことば・かずの特定の課題を他の人と共同で学び合う「共同学習」の二本立てで学んでいます。

「ことば」の学習では、「読む」「書く」ばかりではなく、「伝える」「聴く」ということも大切にしています。例えば、「自由作文」の時間では、自分の書いた作文をクラスのみんなの前で朗読し、それを聞いていた人たちからの質問や意見、アドバイスを受けます。また、「子ども哲学」という時間もあります。そこでは「幸せってなんだろう？」とか「家族って何？」といったテーマで話し合いがなされます。これらは、正解が一つあるといったものではないので、みんながいろんな意見を述べます。その後、それらの意見を踏まえて、自分なりの考えを作文にしてまとめます。

「かず」の学習は自分のペースで進めていく個別学習の「かず」と、グループで学習する「かず共同」とがあります。

個別学習では、『わたしたちのさんすう』というテキストを使っています。このテキストは、自学しやすいようにつくられています。例えば、「長さ」について学ぶとき、一メートルのものさしで、いろんなものを測る問題があります。

その問題に取り組んだ女の子が、学習室にあるものさしを持ってきて、スタッフに言ってきました。

「自分の身長を測ってみたいねん」

スタッフの助けを借りて身長を測りましたが、そのものさしには数字や単位が書いてありません。

目盛りを数え終わると、その子がスタッフに確認しました。

「１３５メートルってこと？」

「メートルだっけ？」とスタッフ。

「あっ、センチメートルか」と言い直しました。

その後、「○○ちゃんの身長も測ってみるわ」と言い出し、友だちの身長を測り始めました。

かず共同

「それは１センチじゃなくて、１ミリやで。この赤い印がついているとこが10センチらしいよ」とスタッフ。

目盛りの読み方についてスタッフに確認しながら測っていきました。

「１３２センチ！　私の方が高い！」

それを見た他の子が「私も測ってほしい」と言ってきました。

このように、他の人とも関わり合いながら、長さについて学んでいきました。

中学部でも小学部と同様に、自分自身で学習計画を立て、それに沿って学習を進めていきます。日本語（国語）、数学、英語の三教科を中心に個別学習で学びますが、これらの教科は「学ぶと生きるをデザインする」ということの基礎となる学習です。受験のために勉強しておかないと困るから学ぶということではなく、今の自分のプロジェクトやワールドオリエンテーションなどの学びをより深く、より広くしていくために必要な学習と位置づけています。その意味で基礎学習は自分の今とつながっています。

学習に用いる教科書は英語教材を除き、全員共通のものはありません。ただ、年度初めにスタッフがふさわしいと思うテキストブックを紹介し、希望者はそれを購入します。また、在籍する中学校から配布される教科書を使用する子や、書店で自分の好みのものを購入して学習している子もいます。

公立や私立の中学校では、小学校にはなかった定期考査というものがあります。その結果は通知表の評点につながり、それが高校受験の内申点に大きく影響します。ただ、それだけを目標にして学習したものは、入学した途端に大部分が忘れ去られてしまいます。自分自身の「今」とつながらず、実感を伴わないことが原因なのかもしれません。こどもの森の中学部には定期考査はありません。それどころかテストらしいテストもありません。それは、テストでよい点を取るということが学習の目的ではなく、今の自分の学びを充実させるための学習だからです。

中学部を開設して三年目、三年生たちは高校受験に直面しました。これまでの二年間、自分なりに学習計画を立てて学んできましたが、三年生になって進学先を決めると、必要な受験科目がわかってきたり、模擬試験を受けて「受験のための学力」を知ったり、志望校の受験に必要な学習の内容が具体的に見えてきます。

個別学習の時間、自分のペースで学習を黙々と集中して進める子がいました。他の子は取り組まないようなレベルの問題にも積極的にチャレンジして、その時間内にわからないところはスタッフに質問し、納得するまでじっくり取り組みました。最初は、早く答えを出したいという気持ちが強くて、焦っていることも多かったのですが、共同学習でみんなと一緒にじっくりと問題を考え、その過程を楽しむことを経験したら、解ける喜びを知るようになりました。高校受験では、自分の偏差値に合った学校という基準ではなく、自分が過ごしやすい場所、無理なく成長できそうな場所ということで探しました。実際に学校見学にも行き、雰囲気を肌で感じた上で全寮制の学校に決め、難なく入試に合格し、そこに進学しました。

学ぶ人の特性に応じた、それぞれに適した学びのスタイルがあります。最近では、ＩＣＴ（情報通信技術）の発達によってこれまで以上に多様に変化してきています。基礎学習の時間にノートパソコンを開いてｅラーニングで学んでいる人がいたり、参考書の動画を見るためのアプリを学校のタブレットにインストールしてほしいと言ってくる人がいたりします。また、塾に通ったり、自宅で動画を見て学ぼうとしたり、いろんな方法を試しながら、自分の学習スタイルを築いている人もいます。スタッフはその姿を見守りながら、それぞれの人が自分に合った学びのスタイルをつくっていくのをサポートしています。

〈サークル対話〉

こどもの森では、サークル（輪）になって対話をする場面が多くあります。サークルのよさは、同じ目の高さで全員が顔を合わせられることです。つまり、大人も子どもも対等な関係で話ができるということです。朝の「ハッピータイム」で自分の言いたいことを話すことから始まり、「帰りのミーティング」でその日の振り返りをして終わります。

ハッピータイムでは、そのときの気分や前の日にあった出来事などを、クラスの子どもたちが一人ひとり順番に話していきます。時間は二〇分間ですが、一人の持ち時間は約一分で、司会の人が砂時計などで時間を測ります。帰りのミーティングでは、その日にあったことを振り返って一人ひとり順番に話します。時間は一〇分ほどです。

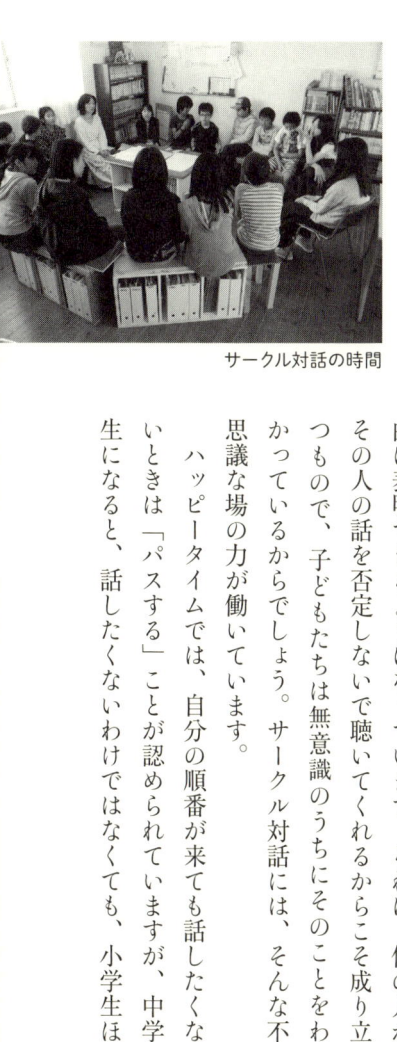

この二つのサークル対話の時間は、この学校の文化になっています。時間になると自分のクラスのサークルベンチのところに全員が集まってきます。そして司会の人を決めて始まりますが、誰かが話し始めるとそれを邪魔する人は誰もいません。全員がじっとその人の話に耳を傾けています。誰も理解できないような不思議な夢の話でも、ちょっとビックリするようなお家での出来事でも、誰もそれを馬鹿にしたり茶化したりすることもなく、たとえ理解できなくてもひとまず受け止めています。気になった人は手を挙げて質問し、やりとりすることもあります。自分が話す時間が全員に保障されていて、自分の考えを自由に表明できるようになっています。それは、他の人がその人の話を否定しないで聴いてくれるからこそ成り立つもので、子どもたちは無意識のうちにそのことをわかっているからでしょう。サークル対話には、そんな不思議な場の力が働いています。

サークル対話の時間

ハッピータイムでは、自分の順番が来ても話したくないときは「パスする」ことが認められていますが、中学生になると、話したくないわけではなくても、小学生ほど無邪気に話すことができず、「特に話すことがない」ということがよくあります。ある人の提案で、話すことが何もないときは「昨日の晩ごはん」について話すということになりました。その後、どうしたらみんなが話しやすくなるか話し合い、最近では六つの話題（トピック）を月ごとに決めておき、何もないときはサイコロを振って、その番号のトピックについてできるだけ話そうということになりました。中学生たちが、サークル対話を通して自分を開いていくことの大切さを再確認した出来事でした。

途中から入学した人は、初めはこのようなサークル対話に戸惑います。みんなの前で話すことができなくて、パスしてばかりということもあります。それでも毎回自分の番は回ってくるし、帰りのミーティングでその日にあったことを話すので、短かくてもいいから話していくと、だんだんに自分のことが自然に話せるようになります。周りの人が自由に自分を表現し、それを認め合うという文化の中にいると、次第に自分を出せるようになっていきます。「ハッピータイム」と「帰りのミーティング」。この二つのサークル対話、それ自体は一見地味で、大きな意味を持つように見えないかもしれません。でも、毎日の小さな時間の積み重ねが、まるで落ち葉が一枚一枚降り積もって、いつしか豊かな腐葉土となるように、子どもたちの自己肯定感を育み、「自分を大切にする」「人を大切にする」という民主的な生き方の土台を形づくっていくのです。

〈テーマ学習／ワールドオリエンテーション〉

子どもたちがこれから先この地球で生きていく上で、ぜひ知っておいてほしいことや考えてほしいことがあります。テーマ学習（中学部ではワールドオリエンテーションとよぶ）では、環境・人権・平和・市民性といった分野の中から、スタッフがその時々に適当と思われるテーマを選び、一学期間かけて総合的学習を行っています。子どもたちは、テーマに関連する動画を見たり、専門家の方のお話を聞いたり、博物館や施設を訪れたりします。それから、いくつかのグループあるいは個人に分かれて小テーマを考え、それについて多様なやり方で調べます。例えば、本やインターネットで調べたり、アンケート用紙を作って学校のスタッフや会員さんに回答してもらったり、会社や団体に電話やメールで問い合わせたりします。できる限り本物に触れ、実際に体験してみて理解することを大切にしています。そうやって学んだことを冊子やパワーポイントにまとめ、全体の発表会でお互いに学んだことを共有します。こうやることで、一つのテーマについて多角的に学ぶことができるのです。

テーマの学習発表会

二〇一七年度の一学期に取り組んだテーマ「気候変動

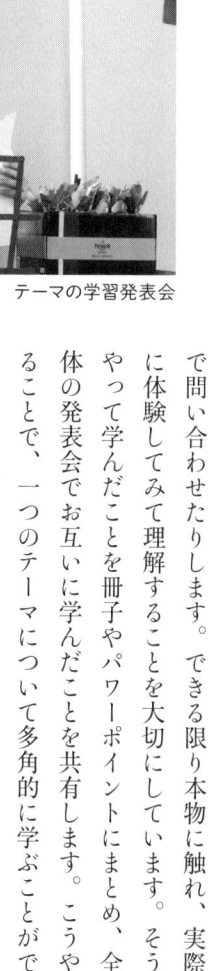

―地球とわたし―」を例に、子どもたちはどんなふうに学んでいるかをご紹介します。

低学年クラスでは、実際に大きなビニール袋に入ることで地球温暖化を体感してみたり、「もったいないシール」を貼って全校にエコ活動を呼びかけたりしました。また、動物園を見学し温暖化が動物たちに与えている影響や、ボルネオ島の森林保護とオランウータンの保護活動のお話を聞くなどした後、「こんな地球だったらいいな」という願いを込めた大きな絵の制作と、「ちーきゅんを救え！　エコパワー大作戦」というお芝居をつくり、発表しました。

高学年クラスと中学部は、環境問題に取り組んでいる人たちを講師に呼んで、地球環境の現実について学びました。CO_2を計測する機械や人力発電機を使ってのワークショップに参加したり、講師の方から、パーム油生産のために森林破壊が行われていることやパーム油が私たちの生活に深く関わっていることを聞いたり、COP（国連気候変動枠組条約締約国会議）に参加している方のお話を聞いたりしました。

ちょうどその頃に、アメリカがパリ協定から離脱するという出来事が起きたため、中学部ではアメリカの離脱について考える時間をもちました。その後、子どもたちは、「動物への影響」「サンゴの白化現象」「気候変動と医療保険との関係」「温暖化は本当に起こっているのか」「気候変動と災害の関係」など、自分の関心のあるテーマについて調べ、学習発表会で発表しました。

身近なことから取り組んでいくことの大切さを学んだ子どもたちは、学びの集大成として、全校生徒による「地球レスキューこどもの森会議」を開催しました。

会議当日は、ゲストとしてお話に来てくれた方々や保護者の方だけでなく、地域の方や大学生など多くの方に参加していただきました。

この会議の中で出されたアイデアを全員で共有した後、どのアイデアを学校全体で取り組んでいくかを話し合い、「明るいときは電気を消す」「できるだけうちわを使う」「トイレの流す水は小で」などの一二項目が選ばれました。そして、この学習が終わっても継続的に取り組んでいくことを決めました。

地球レスキューこどもの森会議

この会議の後、昼休み時間は学習室の電気が消されるようになり、キッチンの水道はシャワーモードに固定できるようテープが貼られました。また、なるべくエアコンをつけないで済むようにと、うちわを持参する人が現れたり、「子どもが家で『エコ魔』になって家中の電気を消して回るんです」という、嬉しそうな保護者の方の声が聞こえてきたりしました。

子どもたちはこれらの学習を通して、社会に関わる出来事について自分なりの視点で学び、それを共有し、自分と世界とのつながりを理解しながら、自分たちの身の丈でできることは何かを考えています。そして、そこで学んだことが子どもたちの生活の中に徐々に根づいていっています。

〈プロジェクト〉

プロジェクトは、一人ひとりの子どもが、自分のやりたいことを計画し、それを実行し、形にしていく学習です。三階倉庫、キッチン、手芸コーナーなど、校舎の各所にプロジェクトで使う材料が置かれ、自分のやりたいことがすぐにやれる環境が整っています。こうした学習環境の中で、友だちや上級生の影響などを受けながら、自分がやりたいプロジェクトに取り組んでいます。

プロジェクトは一人ひとり違うことをやることが原則ですが、何人かで一つのプロジェクトに取り組むこともあります。ある三年生の男の子は、バスケットボールを習っている友だちに誘われて、プロジェクトの時間にバスケットの練習をしたことがきっかけで、その子と一緒に「校庭にバスケットゴールを作りたい」と言い出しました。共有スペースである校庭に設置しようと考えていたため、このことを全校集会に提案して、みんなの了承を得ることになりました。

全校集会当日。話し合いが進む中、彼らの議案の番がやってきました。

「校庭にバスケットゴールを作りたいんやけど、作っていいかな〜」

「どこに?」

「それは、まだ決まってないけど。ツリーハウスに取り付けるか別の場所に立てるか」

「ツリーハウスは、危ないいんじゃない? ツリーハウスにいる人にボールが当たると思う」

バスケットゴールを校庭のどこに設置するか、具体的な場所を決めてから再提案することになりました。

スタッフに相談したところ、ツリーハウスの反対側にある桜の木の前の場所をすすめられたため、ツリーハウスと桜の木の前の二カ所を全校集会で提案することになりました。

全校集会

次の全校集会で、再びバスケットゴールのことが話し合われました。
「あのさ、ツリーハウスにくっつけるか、桜の木のところにしたいんやけど」
「桜の木のところだと花壇に近いから、ボールが花壇に飛んだら花が折れるんじゃない?」

バスケットゴール作り

「でも、ツリーハウスにつけたら、遊んでいる人に当たるかもしれんし」

ツリーハウスに取り付けるか、花壇に近い桜の木のところに作るかで意見が分かれ、なかなか決まらないので、次の全校集会までに全員にアンケートして、みんなの意見を聞いておくことになりました。

三回目の全校集会の日。

「ツリーハウスに取り付けたい人と、桜の木のところがいい人と、どちらが多かったですか？」と司会の人が尋ねました。

「どっちも、同じぐらいの数やったし、この学校は多数決で決めるわけじゃないからどうしたらいいやろ……」

「桜の木のところにして、花壇にボールが入らないようにネットを張るのはどう？」と新たな提案があり、バスケットゴールは桜の木のところに作り、花壇にボールが入らないようにネットを張ることが決まりました。

取り付ける場所が決まったので、いよいよバスケットゴールを作るプロジェクトが始まりました。バスケットゴールの高さを調べて、それに必要な材料を用意しました。背が高いバスケットゴールが倒れないようにどうやって立てるのか、スタッフに相談しながら作っていきました。桜の木の前に深い穴を掘り、長い木の柱に板とバスケットゴールを取り付けたものを立てました。次にネットを取り付けるための木の枠を作りました。こちらも穴を掘って長い柱を立て、柱と柱の間をパイプで固定しました。ふだんプロジェクトで作っているものよりも大きいので、作業がとても大変でした。「あー、めんどくさ」「もう疲れたー」と言いながらも、なんとか作業を続け、バスケットゴールとバックネットが完成しました。

このバスケットゴールは、小学生だけでなく、中学生も使っていて、休み時間にはバスケットゴールの周りは、賑やかな笑い声で溢れていて、今やこの学校の子どもたちにとって、なくてはならないものになっています。

〈ファミリーグループ〉

集会では、全校生徒が集まって学校のルールに関わるような大事な話し合いをします。その内容は小学一年生や、途中入学した人にとっては難しいことがよくあります。そのことに気づいた人が説明していたのですが、あるとき、そういう人をサポートする役を前もって決めておこうという提案があり、サポートする仕組みができました。その仕組みが定着してきた頃、毎年一年生が七、八人入学してくるようになりました。そうなるとサポート役を決めるのも大変です。

そこで考えられたのが、小一から中三までの縦割りでつくるファミリーグループです。東京の自由学園に見学に行った際、小学部は、小一から小六までの縦割り班で給食を食べ、掃除をしているという話を聞いたので、それを参考にしました。

ファミリーグループでやるのは、主に集会と掃除です。集会では、ファミリーグループごとに集まって座ります。集会での話し合いの内容が理解できているかどうかを、一年生や二年生の人、あるいは途中入学の人に確認し、そうでない場合は、小声で説明します。こうして、新しく入学した人も、学校生活になじんでいきます。あまりうまく掃除道具を使えない一年生の人にも、年上の人が掃除道具の使い方や掃除のやり方を教えてくれるので、一年生でもすぐに自分の分担の掃除を担当することができるようになります。

そのほかにも、ファミリーグループで取り組むことがあります。五月に開催される体育祭では、ファミリーグループごとに担当する競技を決め、その競技の運営を担当します。競技には、パン食い競争、障害物競走、リレーというなじみのある競技から、ランニング、鬼ごっこという一風変わった競技まで、いろんなものがあります。準備のための話し合いは、中学生や高学年を中心に行われますが、中にはしっかり者の三年生が、そのグループを取りまとめていることもあります。新しく入ったばかりの一年生には、ゆっくりと丁寧に説明をしながら、一年生でもできそうな役割を提案し、本人の意向を大切にしながら、グループ全体の役割分担を決めていきます。

体育祭の次には、七月に行われる夏祭りがあります。ファミリーグループで夏祭りのチラシ配りをすることになりました。手分けしてポスティングすることになり、五年生以上と四年生以下の人が混じるようにグループを決めたところ、中学生と高学年の男の子三人と、小一の女の子一人というグループができました。

スタッフがどうするのかな〜と思って見ていると、小一の女の子は、ためらうことなく、高学年と中学生の男子の後をついていきました。男子三人は、それぞれポストを見つけてはポスティングをしていくのですが、地面から低めのところにあるポストを見つけると、「このポストは、○○ちゃん」「○○ちゃん、ここ入れたらいいで」とその女の子に声をかけていました。その子がゆっくりとチラシを入れる間、入れやすいようにポストの受け口を押さえていたり、その子が落としてしまったチラシを拾ってあげたりと、とても親切でした。

体育祭

ファミリーグループの活動をすることで、サポート側の高学年の子には、自分が頼りにされている、役に立っているという感覚をもつことができますし、サポートされる側の低学年の子は、人に手伝ってもらったり、助けてもらったり、親切にされたりすることで、人を大切にできる人に育っていきます。

みんなで考え支え合うクラス集会

ある一年生の男の子。よくしゃべり、元気がよくて、人にちょっかいをかけては喜んでいました。おかげで周りの人たちは困り顔。彼のちょっかいやチクチク言葉に耐えかねた子たちが、それぞれその男の子と話し合いを重ねてきました。しかし、何度話し合っても彼の行動は変わりませんでした。二学期も終わりが近づいた頃、クラスの中にはとうとう学校に来るのがしんどくなってしまった人も出てきました。そこで、彼とスタッフで話し合うことになりました。そして、どうしたらちょっかいや暴言をやめることができるか、その子に考えてもらいました。その話し合いで、彼は毎日放課後に一日の振り返りをすることを決めて、それに取り組むことになりました。ところが、そうやって毎日、自分の行動を振り返っていても、やっぱり友だちへの迷惑行為はやみませんでした。とうとう、この問題はクラス集会で話し合われることになりました。

スタッフからの提案で、緊急の低学年クラス集会が開かれました。とてもデリケートな問題なので、あらかじめ司会の人とどうやって話し合いを進めるか打ち合わせをしておきました。始めにスタッフから、「この話し合いはこの男の子を非難するためではなく、彼を助けるために開きたい。彼の行動はよくないけれど、何か理由があるのかもしれない。彼自身のことはこどもの森の一人として大切にしてほしい」と伝えました。

司会の人から「三学期になってもまだ彼の行動で困っている人はいる？」と質問がありました。驚いたことにクラスのほとんどの人が手を挙げました。これにはその男の子もびっくりした様子でした。一人ひとりがどんなことで困ったか発言していきました。「クソババアと言われた」「おばさんと言われ、ぐいっと押された」「掃除機の上に乗ってきた」「ぞうきんを投げられた」「自分の作品の上に乗られて『これいらんわ』と言われた」などなど。男の子は時折小さな声で「えー、そんなん知らんで」などとつぶやいていました。自分に対する苦情をこんなにたくさん聞くことになって、さぞかし居心地が悪かったことでしょう。結局、この日はみんなの困りごとを聞くだけで時間が終わってしまいました。

集会が終わった直後、三人の子どもがスタッフのところへ駆け寄ってきました。「あんなぁ、○○ちゃん（この男の子の名）がな、私がなくした消しゴム見つけて届けてくれてん」「前、俺が泣いてたとき助けてくれた」「ぶつかりそうになったとき、○○ちゃんが前に出て守ってくれた」

あれだけたくさん困りごとを出した後だっただけに、きっと、〇〇ちゃんはいいところもあるんだよと言いたい気持ちが溢れてきたのでしょう。この子たちの言葉を聞いて、とても嬉しくなりました。

翌日も話し合いの続きをしました。始めに、昨日の終わりに聞いた三人の話をみんなに伝えてもらったところ、男の子は恥ずかしそうにしていました。そして、次は彼の気持ちを聞こうということになりました。ところが、彼はうまく自分の気持ちを言うことができませんでした。そこで、スタッフが「昨日の振り返りで、〇〇ちゃんは『みんなが言ってたこと、全部は覚えてないけど、みんなが言うならきっと俺全部やったんやと思う』って言ってたよ」と伝えました。すると、彼の行動が嫌で学校に来にくくなってしまった女の子が言いました。「〇〇ちゃんもつらいんじゃないかなぁ。みんなに嫌なこと言うから、みんなが離れていってしまって寂しいんじゃないかなぁ」。別の子も言いました。「我慢しすぎて自分をコントロールできなくなってるのかな?」「ストレス?」「遊んでほしいから、あういうことをするのかもしれない」。男の子は黙って聞いていました。この日は彼の気持ちに寄り添おうとする人たちの温かい声で終わりました。

緊急クラス集会が二回終わった後、この男の子に変化が表れました。三年生の女の子が嬉しそうに報告にきたのです。「あんな、○○ちゃん、いつもやったら『どけ、クソババア』って言うのに、今さっき『どいてください』って言ってくれてん！」

そして、三回目のクラス集会では、彼の行動を変えるためにどうしたらいいのかが話し合われました。①クラスのみんながができること、②彼本人ができること、③スタッフができることの中から、①について二〜三人のグループで意見を出し合い、全体でシェアする形で話し合いました。

「その場でやめてと言う」「目を合わせない」「反応しない」といった、困った行動に対してNOと伝えるといった意見が出た一方で、「なんでやるか聞く」「気持ちを考えてあげる」「仲間はずれにしない」「いいところを言う」「ものを貸してあげる」「ほめる」「なぐさめる」「面白いことをする」など、この男の子に寄り添った対応をしようという意見もたくさん出てきました。こどもの森で一番大切にしていること、それは「自分も人も大切にする」です。子どもたちはまさにその二つを考えてくれていたのでした。

みんなが自分のことを考えてくれている間、男の子は、②の自分ができることを考えました。そして、これまで思いついて取り組んできたことの他に「みんなが自分にしてほしいと思うことをする」をやってみることにしました。でも、「みんなは一体何をしてほしいんやろう？」それがわからなかったので、帰りのミーティングでみんなに聞いてみることにしました。子どもたちからは、「ごめんなさいと言う」「落としたものを拾ってほしい」「やってみてできるとわかったことは、続けてやってほしい」「○○ちゃんは面白いことをするから、そうやってみんなを楽しませてほしい」といった意見が出ました。実際、彼は朝のハッピータイムで、自分が体験した面白いエピソードを詳しく話してみんなを楽しませてくれていました。こうして、三日間かけてこの問題について話し合いました。

あれから二年。男の子は三年生になりました。今でもとてもエネルギッシュな彼ですが、年下の人の面倒を見たり、クラスの年長者として話し合いの司会を進んで引き受けたりと、よい面が育ってきたように思います。目の前にいる子どもたちを信じること、長い目で見守ることの大切さを感じています。

子どもたちがつくる修学旅行

「修学旅行に行きたい！」と、子どもたちから声が上がったのは、学校が開校してから三年目のこと。四年生から六年生までの高学年クラスの人数が、まだたったの四人だった頃でした。プールやスケートなど、どこかに行くときは、お家の人からお金を出してもらわずに、フリーマーケットなどに出店し、なるべく自分たちでお金を集めて、そのお金で行けるところに行っていました。修学旅行も、まずは自分たちで必要な費用を集めようということで、フリーマーケットを開いたり、大人が会議で集まったときにお菓子と飲み物を販売したり、校庭になっている金柑《きんかん》の実を販売したりもしました。

こうして六万円ほどのお金を集め、行き先や行程などもみんなで話し合い、高学年が全員参加する一泊二日の伊勢志摩への修学旅行が実現しました。

それ以来、毎年修学旅行が企画されていますが、基本的なスタイルは変わっていません。白浜、姫路、城崎など、行き先も、旅行の行程も、宿舎も子どもたちが話し合って決めて、自分たちで予約もし、必要な経費も子どもたちが集めて賄ってきました。

修学旅行の準備は、六年生が中心になって行っていきますが、話がなかなかまとまらない年がありました。ある年の修学旅行では、子どもたちの準備や役割分担が十分に決まっていないのに、旅行日はどんどん近づいてきたので、細かいところまで計画を詰めないまま出発することになりました。

このような状態で出発した修学旅行でしたが、そこで起きたことは、「次って、どこ行くんやった?」「何時に集まるんやったっけ?」と、わからないことが起きると、すぐにスタッフを頼るということでした。

「みんなの修学旅行やから、スタッフに聞くんじゃなくて、みんなが知ってるんじゃない?」と言っても、「決めてなかったからわからへん……」「それは、自分の担当じゃない」などといった言葉が返ってきました。

みんなでつくった修学旅行

このときの経験から、「子どもたちが主体的に担う修学旅行だから、修学旅行の日までに準備が整わない場合は、無理に行くのをやめて、その年は修学旅行に行けないということも覚悟しよう」ということになりました。それ以来、準備が整わない場合は、旅行に行かないこともあるということを子どもたちや保護者の方々に、確認した上で、修学旅行の準備に取り掛かるようになりました。

費用の面から一泊二日になっていた修学旅行でしたが、いつしか、「二泊三日行きたい！」という思いが子どもたちの間で大きくなっていきました。「今年こそは、二泊三日にしたいよな～」。この年の六年生は、二泊三日の旅行を意識して、いろんな企画をしていきました。資金集めの方法として定番になっているフリーマーケット、地域のお祭りや学園の夏祭りへの出店に加えて、新たな出店の場として「秋祭り」も企画しました。

出店内容にも、ユニークなものが登場しました。今までは、手作りのお菓子やお茶、手芸作品の販売、スーパーボールすくい、ぷにょ玉といったものだったのですが、今回は、洗車コーナー、手作りおもちゃの販売、自分たちでプログラミングしたゲームコーナーなど、大人の想像力を超えた、子どもたちのアイデアと個性が発揮されたお店が出ました。初めての洗車コーナーには、勇気あるスタッフや保護者の方が洗車を依頼してくれました。子どもたちに任せて大丈夫かと半信半疑でしたが、「想像以上にきれいになってびっくりした！」「金額はお任せやから、良心的！」と大好評でした。

高学年クラスの二〇人の子どもたちが、いろんなアイデアを出しながら集めたお金は、約二七万円。当初は、フェリーで別府温泉に行くことを目指していましたが、それにはお金が足りませんでした。「どうしても、みんなで二泊三日したい！」という思いが強い子どもたちは、交通費の負担が少ないところに行き先を変更して、一日目は神戸散策、二日目はＵＳＪに行き、三日目は須磨海浜水族園見学という旅行を満喫しました。

「自分たちで一生懸命お金も集めて、行き先も決めて、担当（案内役など）も決めて行く修学旅行は、最高！」「楽しすぎて時間がたつのが速くて、もったいない！」と、初めて修学旅行に参加した四年生の女の子たちが、笑顔でこう話してくれました。

例年、修学旅行から帰ってくると、旅のしおりを見ながら振り返りをします。その後で、訪れた場所や宿、スケジュール、お金のことなどの担当したグループに分かれて、報告会で発表するための準備に取り掛かります。その準備の過程で、四月からの作業の流れをも

2泊3日の修学旅行が実現した

う一度思い出し、言葉にしてまとめる。そして、多くの人に自分たちの体験やエピソードを発表することで、自分たちで過ごしてきた時間を再認識することになります。

こどもの森の修学旅行では、準備を始めてから帰ってきて振り返るまで、あ〜でもない、こ〜でもないと行ったり来たりを繰り返しますが、その過程の一つひとつがとても大切で、そのことが子どもたちの学びと自信につながります。その自信は、一人で何かを進めていくときや、将来、自分の進む道を選ぶときにも、大きな力となることでしょう。

コラム1――時間を守る

この学校の子どもたちは時間をよく守ります。学校ができたばかりの頃は、子どもたちは時間にルーズで、学習の取り掛かりにぐずぐずしたり、「腹減った！　早く弁当が食いたい！」と言ったり、休み時間に公園に行った子が次の学習時間が始まっても帰って来なかったりしました。ところがいつの間にか、朝のハッピータイムや学習の開始が少しでも遅れると、子どもたちから「遅刻よ」とスタッフが叱られるようになっていきました。子どもたちの変貌ぶりは、一体どうしちゃったんだろうねと、大人たちが首を傾げるほどでした。

わくわく子ども学校から箕面こどもの森学園になっても、この習慣は続いていきました。新しい校舎には、学習時間を知らせるチャイムは取り付けないと決めて、全部屋の目立つ場所に大きな時計を掛けるようにしました。子どもたちはその時計を見て、各学習の始まる時間や終わる時間を確認します。昼休みに校庭やホールで遊んでいた子たちも時計を見て、次の学習時間が始まる二分くらい前にダッシュで学習室まで戻ります。

低学年の学習室には、一年生の子にもわかるように、各学習の始まる時間と終わる時間を時計の図で示した紙が貼ってあります。まだ時計の見方がわからない一年生の子たちも、それを見ながら行動しているうちに、自然に時計の見方がわかってきます。

学習時間は、共同学習では担当スタッフの声かけで終わりますが、個別学習は、それぞれの人のペースで終わります。終わりの時間の数分前から筆記用具や教材を片付け始める人もいれば、終了時間を過ぎても問題の続きをやっている人もいます。

初めて学校見学に来た人にとっては、この光景がとても印象的なようです。ハッピータイムが始まるとき、それまで各所で遊んでいた子たちがサークルベンチにいつの間にか集まってきます。そして、なんとなく学習室の中がざわざわしてきたと思ったら、そのときには学習時間が終わっているという、子どもの自律性に任せたやり方が感心されます。

プロジェクトの時間には、キッチンや木工室、多目的室など、それぞれの子が自分のプロジェクトをやるのにふさわしい場所に移動します。もちろん各室には時計が置いてありますが、自分の作業が時間内に終わらないことがよくあります。キリのいいところまで作業を続けたいと誰もが思うのですが、それを認めると、次にある帰りのミーティングに全員が揃わないということが起きてしまいます。そんな経験から、作業途中であっても終わる時刻の五分前にその作業を終えて、後片付けを始めるというルールができました。

「時間を守る」ことは「約束を守る」ことにもつながります。この二つのことができるようになると、みんなから信頼されるようになり、「自分を大切にする」「人を大切にする」「ルールを守る」といったこともできるようになります。

対話で進める共同プロジェクト

中学部には小学部にはない「共同プロジェクト」という時間があります。これは、個人で行うプロジェクトとは別に、クラス全体で取り組むプロジェクトを決め、それに共同で取り組んでいくというものです。これは自分のやりたいことばかり言っていても、逆に周りに合わせて自分のやりたいことを言わなくても、うまく進めることができません。それぞれが自分のやりたいことや思っていることを率直に出し合います。そして、そのプロジェクトを実行するために自分に何ができ、他の人から何をしてもらえるかを考え、うまく役割分担して作業を進めていきます。

〈プロジェクトを立ち上げる〉

最初にプロジェクトのテーマになりそうなものを挙げていきます。「ジェットコースターを作りたい」「海外旅行をしてみたい」「学習室を飾り付けたい」「ダブルダッチにチャレンジしたい」「写真を使ってトリックアートやコマ撮りをしてみたい」などたくさんのアイデアが出ました。次に、「なぜそれがやりたいのか」「共同で取り組む意義があるのか」を考え、共同でしかできないようなことをしようということになりました。まずは、学習室の飾り付けをすることに決まり、作りたいものを出し合い、役割ごとにチームに分かれて作業を進めました。殺風景だった部屋は楽しくて居心地のよい部屋に生まれかわりました。

研究発表会で、作り方などをまとめてプレゼンしました。そこで出た「個人ではなく、共同でプロジェクトに取り組んでみて、どんな意義を感じたか」という質問に対して、「話し合うのが大変で、なかなかうまくいかないこともあったけど、みんなでやるからこそできることがあると感じることができた」と実感のこもった言葉が返ってきました。

次に、なにか大きなものが作りたいということで、男の子たちからジェットコースター作りが提案されました。一方、女の子たちからは映画づくりがしたいという案も出て、男女で完全に意見が分かれてしまいました。何をもって「共同」とするのかということで議論になりましたが、どちらも譲らないので、結局「ジェットコースターを作る過程を映画にする」という妥協案が出ました。そうすれば、それぞれのやりたいことに取り組みながら、同じプロジェクトを進めることができるという妙案でした。ところが、ジェットコースター作りは安全性の問題をクリアできず、遊び小屋づくりに変更。設計図を描いて模型を作り、材料を揃えて組み立てる、という本格的な建物作りにチャレンジしました。しかし、なんとかして作り上げなければという気持ちばかりが強くなり、次第に子どもたちのやる気が失われていきました。映画づくりチームも、小屋づくりが難航しているので、それを題材にした映画づくりの方もこれ以上進められなくなりました。そうこうしているうちに、その学期が終わってしまいました。

〈話し合って協働の質を高める〉

「図書室づくり」という共同プロジェクトもありました。これは中学部校舎の一階をどういう用途に使うかという議論の中で出てきたアイデアで、それをもとにして、ある財団の事業助成募集に応募しました。その後、図書室はもう作らなくてもいいのではという意見があり、いったんは取り止めになりました。そんなときにちょうど、事業助成の審査に通ったと通知があり、再び協議しました。図書室づくりのプロジェクトをやるのかどうかなかなか決まらず、議論疲れからかネガティブな意見がたくさん出てきました。その流れを変えたのは「実際に図書室になる一階に行って、イメージしてみよう」という提案でした。実際にその場所に行ってみると、イメージが膨らみ始めいくつもの提案が生まれ、「それではやってみよう！」ということになりました。ただ、そのときの勢いで決めてしまった感もあり、本当に全員の気持ちが一致したとは言えない状況でした。次の時間、やる気の人たちがもう決まったものとして進めかけていたところに異議が出たので、もう一度立ち止まり、本音を出し合って、まだ納得がいっていなかった人の「一緒にやろう」という意思を確認してから、進めることになりました。

この頃になると、長時間の話し合いになるとみんな疲れてしまい、あまりポジティブに話が進まないことを実感していたので、あらかじめ話し合う議題を整理しておいて、時間を区切りながら一議題ごとに問題を議論し、二コマ分の共同プロジェクトの時間の中にうまく収めて作業を進められるようになりました。また、この時間以外にも、自分たちで自主的にミーティングしたり、担当ごとに適宜作業を進めたりできるようになって、スタッフが知らない間に多くのことが進んでいくようになりました。子どもたちが本気になって取り組んだので、それ以後、スタッフの仕事は時折相談に乗るくらいのものでした。

子どもたちは話し合っていろいろな意見を一つにまとめることの難しさやそれを乗り越えていく方法、自分の役割を見つけてみんなに貢献することなど、共同プロジェクトから多くのことを学んでいます。

コラム2――子ども主体の会議をスムーズに進める方法

子どもたちが会議をするとき、大人が仕切って議論を進めていけばもちろんスムーズに進みますが、それでは子ども主体とは言えません。子どもが主体的に会議を進めていけるようにするには工夫が必要です。私たちはフランスのフレネ学校の学校協同組合（子どもたちの自治組織）を参考に全校集会をやり始めました。そして何年も続けていく中でよりスムーズに会議が進むように工夫した結果、今は次のようなやり方になっています。

① あらかじめ議案を集めておく

全校集会や小学部・中学部の集会では、あらかじめ議案を書き込む集会のボードが廊下などに掲示されていて、集会で話し合いたいことを子どもも大人も自由に書き込むことができます。「友だちのいいところ」「言いたいこと・聞きたいこと」「やりたいこと」「困っていること」の四つのカテゴリーに分けて書き込むようになっていて、このボードに書かれた議案はすべて、集会で取り上げられます。

② 役割を決める

司会、ボード係（ホワイトボードに板書する）、記録係（ノートに書く）を募り、その人たちが中心となって話し合いを進めます。また、集会の最後に次回の役割を決めておきます。そうすると、集会のスタートがスムーズになります。

③　議案整理をする

集会日の休み時間に、司会、ボード係、記録係の三人と担当スタッフで集会の議案整理をしておきます。どんな議案が出ているかわかっていれば、どうやって話し合いを進めていけばいいのかあらかじめ考えておくことができます。ホワイトボードに議案を先に書いておくので、集会が始まると同時に全員が今日の話し合いのテーマを把握することができます。

④　ファミリーグループごとに座る

集会ではファミリーグループごとにまとまって座ります。話し合いの内容がよくわからない低学年の人には、隣に座っている高学年や中学部の人がそっと説明します。また、全体の前でなかなか手を挙げて意見が言いにくそうな場合は、先にファミリーグループで意見を出し合います。七〜八人の小さな集団の中だと恥ずかしがり屋さんも意見が言いやすくなります。出てきた意見はファミリーグループごとにまとめて発表され、話し合いが先へと進められていきます。

⑤　おやつが出る

子どもたちにとって集会はとても疲れる時間です。わくわく子ども学校の時代に「全校集会は疲れるから、おやつを出してほしい」という意見が出て、それが認められ、集会の日は帰りのミーティングでおやつが出るようになりました。疲れた子どもたちもおやつを食べてホッと一息、和やかな顔に戻ります。

こうした工夫をしながら、子どもが主体となる話し合いの場を運営しています。

海外での研修旅行

「フィリピンの人の方が、暮らしは貧しくても心に余裕があって、幸せそうだった」

一〇泊一一日のフィリピンでの海外研修旅行を終えて帰ってきた後に、一人の中学生が「幸せ」について哲学したときに、こんなことを言いました。一週間以上も家を離れて外国で暮らし、現地の人と交流して感じた、実感のこもった言葉でした。

中学部では一年に一度、海外研修旅行に出かけます。主な目的は「現地の学校と交流すること」。そして外国の文化に触れ、視野を広げることです。これまでに韓国の堤川ガンジースクール、台湾の全人実験学校、そしてフィリピンのドーナ・モントセラト・ロペス・メモリアル・ハイスクールと交流をしました。

フィリピン研修旅行では、主にセブ島の西隣にあるネグロス島で過ごしました。スタッフたちが過去にＩＤＥＣ（International Democratic Education Conference）という民主的な教育の世界大会に参加したときに知り合ったフィリピンの方にコーディネートをお願いしました。その方の故郷である小さな村でホームステイをして、近くの学校と交流するというプログラムでした。

学校の交流では、七千人近くの中高生が通う学校を訪れました。こどもの森が六〇人ほどですが、その一〇〇倍以上の規模ということになります。そこでＳＴＥＶ（職業技術クラス）・SPA（芸術クラス）・ICT（コンピュータークラス）の学習に中学部の子たちが分れて参加させてもらいました。

ネグロス島の村に着いてすぐの頃、「事前学習で見た写真とあまりにも違いすぎるよね。写真の家はもっと立派だったし……」と、スタッフに苦情を言ってきた子がいました。それもそのはず、その村にある家には電気は通っているもののガスは通っておらず、基本的にお湯は出ません。トイレには便座はなく、水を流すレバーもボタンもありません。そしてその便器がある狭い部屋で用を足します。もちろんシャワーはなく、便器のすぐ隣にある蛇口で水を出して溜めたバケツの水で体を洗います。おまけに家の中にアリやゴキブリがいるのは当たり前、そんな環境でした。かなりのカルチャーショックでしたが、現地のコーディネーターの人は「日本の裕福で恵まれた生活しか知らないで過ごすと、世界中の貧しい人や異なる生活水準の人のことを考えることができなくなってしまう。今回の旅でよい経験を積んでほしい」と話してくれました。その言葉の通り十日間ほどここで生活して、山奥のキャンプ場に行ったり水がとてもきれいな海岸に行ったり、共に過ごすうちに現

マングローブの植林体験（ネグロス島にて）

地の人の温かさに触れ、一緒になって明るく元気に活動し、日本ではなかなか体験できないことを体験しました。

ネグロス島での最終日に、フィリピンのメンバーと一緒にサークルになって振り返りの時間を持ちました。お互いに過ごした時間を思い出して感想や感謝の言葉を伝え合って、何人もの人が涙しました。子どもたちの感想の中には「メッセージをもらって泣いてしまったけど、別れが悲しいというよりは感謝の気持ちが大きい」という言葉があり、英語もそれほど理解できないのに、温かく親切に迎えてくれたこと、明るく接してずっとサポートしてくれたことへの感謝が溢れてきたようでした。「初めは早く日本に帰りたいと思った」と途中の感想文に書いていた子が、最後には「本当に幸せな時間だった」と振り返りました。生活や文化に大きな違いがあっても、その違いを超えて、人と接する温かさや楽しさを感じ、自分にとって厳しい環境の中でも前向きに学んでいこうという姿がありました。多くの子が、家に帰ったときに本当に自分の家や日本という環境が、いかに恵まれているかを感じたようでした。

こどもの森の海外研修旅行は「みんなでつくる旅行」です。交通・食事・交流・観光・旅費管理といった役割を分担し、他のメンバーを導いていきます。例えば、食事と旅費管理の子たちが協力して、毎日の水を確保。水道水を飲むことは避けていたので、毎日ペットボトルの水を持ち歩いていました。担当の人たちで早起きをしてホテルの近くのスーパーマーケットまで行って全員分の水を買ってきたり、途中で追加の水が必要になった人が水を買ってきたり、全体を見て世話をしました。観光担当の子は、行き先を事前に調べて決めて、どのようにして行くのかまで具体的に検討していました。さらに雨だった場合にどこか他のところに行くことができるかまで考えてくれていました。交流担当の子たちはフィリピンの子どもたちとの交流について考え、日本や自分たちの学校紹介のプレゼンテーションをしたり、交流できるジェスチャーゲームをコーディネートしたりしました。

旅行の最後の日には、各担当に対してフィードバックと感謝の気持ちを紙に書いて渡し合うということをしました。「観光がすごく楽しかった！　よいところを選んでくれてありがとう！」「いろんなものが食べられて、自分で好きなものを選ぶこともできてよかった。ありがとう！」など、それぞれが助け合って旅をつくってきたことに感謝を伝え合いました。いろんな思い出や学びがたくさんあって忘れられない旅になりました。

長期プロジェクト

卒業を迎える最後の年に、六年生は一年間かけて「長期プロジェクト」に取り組みます。時間割にある毎週のプロジェクトは、とにかく「自分がやってみたいこと」をドンドンやっていく時間ですが、長期プロジェクトは、これまでいろんなプロジェクトをしてきた経験を踏まえて、最後にじっくり取り組むプロジェクトです。

六年生は、これまで工作に取り組んできた腕を生かして何十個ものキーホルダーをさまざまな材料で作ったり、小説を書いたり、プログラミングを習ってゲームを作ったり、手芸のプロジェクトの集大成としてワンピースを作ったり……。自分の発想で計画を立てて、形にしていきます。一人ひとりに担当のスタッフが決まっていて、定期的に相談に乗ったり、報告を受けたりしながらサポートをします。出来上がった作品を発表する際には多くの人が自分の心の変化にも目を向け、それを素直に表現します。「自分が飽きっぽいことがわかった」「失敗するのが嫌いだったけど『失敗は成功のもと』と思うとドンドンできるようになった」「追い込みをかけて仕上げることができて、自分はできる人だと感じた」など、それぞれの言葉で表現します。その姿から、いろんな学習を通して行っている「自分と向き合う」ということが学習の仕上げとして一番よく伝わってきます。

中学部の三年生も長期プロジェクトに取り組みます。中学部では、小学部のときにひと通りいろんなことをやってきて、「さて次に何をするか」という悩みに直面する人が多いのです。そこで、三年生の一学期の初めに、改めて自分の「本当にやりたいこと」と向き合います。やりたいことをリストに書き出したり、マインドマップを描いてみたり、スタッフをはじめいろんな人に相談してみたりと、それぞれの人がそれぞれのやり方で考え始めます。三年生だけで集まって話す時間も設けています。一人ひとりが長期プロジェクトで何に取り組もうと考えているかを発表し、それについて他の人がコメントをします。「面白そう」「こういうのもやってみてほしい」「こういうのを入れるともっと面白いんじゃない？」などの意見をもらい、どう進めていくかのヒントにします。

中学部第一期生の五人の長期プロジェクトは、「クラスメイトの未来予想の小説」「飛行機の模型を木工で再現する」「木工で大きなもの（ソファー）を作る」「絵本づくり」「写真」というテーマで、それぞれが計画を立て始めました。中学部で二年間、共に学んできたクラスメイトのそれぞれの個性を理解しているだけあって、互いに他の人のプロジェクトを認め合っている様子が見られました。

クラスの仲間のことを大事に思ってクラスを引っ張ってきた人の「クラスメイトの未来予想の小説」というプロジェクトでは、クラスメイトの一人ひとりにインタビューして、ふだんはなかなか聞けない深い思いや周りの人への感情を聞き出して、それをもとに小説を書きました。入学当初からさまざまな木工作品を作り続けた人が自分のプロジェクトの集大成として、「飛行機の模型を木工で再現する」というプロジェクトを始めました。精巧なプラモデルの飛行機を買ってきて、そのパーツ一つひとつの長さなどを測って設計図を作り、ふだんの学習の合間を縫って一人でコツコツと細かい作業をして、忠実に木でその形を再現しました。「木工は好きだからずっと続けていきたい」という彼の言葉に、ずっと好きなことに取り組んできたという自負心を感じました。また、「自分のやりたいことと、人に求められることが重なるところを探すことは大切だと学んだ」といった感想も聞かれました。さまざまな葛藤を乗り越えて完成していった作品は素晴らしいものでした。また、その過程で子どもたちは多くのものを学び、それが自信となってこれからの人生をそれぞれのやり方で生きていくことでしょう。

卒業生は今

卒業生の進路

「こどもの森を卒業した人は、どんな進路に進むのですか?」よく聞かれる質問です。

中学部ができてからこれまでに二度、卒業生を送り出しました。自宅から通える範囲の私立高校に進学した人もいれば、日本中の高校の中から自分の行きたい高校を探して、親元を離れて寮のある学校に進学した人、日本だけでなく世界にまで視野を広げ、海外留学した人もいました。また、自分のやりたいことが明確にあって、そのための時間を十分にとれる学校として通信制高校を選択した人もいました。

中学部ができる前、小学部を卒業した人たちは、こどもの森と同じようなオルタナティブスクールや、インターナショナルスクール、私立中学、公立中学、フリースクールなど、それぞれ自分に合った選択をしていました。その後、高校から私立大学、国公立大学に進学したり、自分の道を究めるため専門学校に行く人もいました。どの人も、自分の進路をいくつかの選択肢に絞って自分で選んで決めていました。

あるとき、大学を一年間休学して東日本大震災の被災地でインターンとして活動していた卒業生が次のようなメッセージをSNSに投稿していました。

「学校の先生や塾講師以外で、直接子ども（できれば中高生）と関わることができる教育関係の仕事を探しています！　誰かに敷かれたレールの上を歩く人生ではなく、その子自身が持っている力でレールを敷いて生きていく、そんな力を日本の子どもたちに身につけてほしいと考えています。

昨年の夏、知人を通して、小学生や大学生を相手にキャリア教育をしている企業と出合いました。個人的には、企業理念に大きく賛同した経緯もあり、エントリーしてみたものの、私自身就活する上で、『妥協せず納得感を持つこと』を就活の軸にしています。そのため、この企業に納得感を持って入社できるかと言われたら、そうではないな〜と、就活

の振り出しに戻った近況でもあります。（中略）

好きなことを仕事にすることや、納得感を持って企業を選ぶことは決して簡単なことではないとしても、一人の人間として活躍できる企業と出合えるよう頑張ります！」

彼女はインターンを終え、大学に戻って就活をしたのですが、就活してみた結果、今、自分が一番やりたいことはインターンをしていたNPOの活動だと考え、そのNPOにエントリーシートを出しました。

「納得感をもって仕事をしたい」というのは、この学校の卒業生共通の特徴のようです。音楽の専門学校に行って声楽を学び、シンガー・ソングライターとして演奏活動をしていた後、アイルランドに音楽の勉強のために留学した人、高校卒業してすぐにピースポートに乗って世界を巡る旅に出てから帰国後にピースボートの職員になった後、まちづくりの事例を見るために世界を旅している人。通信制高校で学びながら自宅で画家として絵を描いている人、将来のイラストレーターという夢の実現のために絵を描き続けている人などがいます。このように、多くの卒業生の特徴として、「自分の納得できる仕事を見つけ、納得のいく人生を歩きたいと考えている」「学びは自分のためのものである」「好きなこと、自分に向いていることを探究している」「自分で選び、決めている」ということが挙げられます。

卒業生からのメッセージ

この学校を巣立った二人の卒業生に、①「箕面こどもの森学園で学んだこと」、②「それが自分の生き方や将来にどうつながっているか」について手記を寄せてもらいました。

一人目は沼尾翔子さん。箕面こどもの森学園の前身「わくわく子ども学校」の最後の卒業生です。彼女は五年生のときに入学してきました。来たばかりの頃は元気がなく、公立学校の一斉授業のしんどさから、本当は好きだった音楽も嫌いになってしまっていたほどでした。でも、わくわく子ども学校で過ごすうちに本当の自分を取り戻してゆき、二二歳になった現在、プロのシンガー・ソングライターを目指して活動しています。

「学んだのは生きる力」

——沼尾翔子（二〇〇八年度小学部卒業生）

「ここの子はみんな変わっている。私もこのままでいいんだ」。これは私が小学五年生でわくわく子ども学校（以下「わくわく」）に入学した当初、母に対して漏らした言葉である。変わっているとは、決して悪い意味で言ったのではない。一人ひとりの個性が大切にされ、みながそれぞれ自分のそのままの姿でいるのを見て、心がほどけるような安堵を覚えた。

私がこの学校で得た一つ目のことは、〝自分を好きになること〟だった。私は小学生時代のうち、最初の二年間は公立の学校に通ったが、三年生からはいわゆる不登校児だった。公立の学校での、机をズラズラ並べて一人の人間の話をゴクゴク呑み込むような授業は窮屈だったし、クラスの奇妙な一体感にも疲れてしまったのだ。家での二年間はほとんどを好きな手芸をして過ごしたが、周りの子と違う生活を送ることは、たとえ自分で選んだことにしても大変でつらいことであった。学校のコミュニティは自分から見えない世界になれば、さらに自分の入ることのできない恐ろしい集団に感じるようになり、自分だけがおかしいのではないかという思いに苛まれていた。

幾度か公立学校に戻ることを試みたがどうしてもできず、そんな中で母が見つけてきてくれたのが「わくわく」だった。「わくわく」でもプロジェクトという自分のやりたいことをする時間には、私は手芸をした。そして作ったものを発表すると、スタッフを含めみなが「すごいね、いいね」と言ってくれ、ときには作り方を教えることもあった。そういったことを通して、自分の存在が認められていることを感じ、私はここにいていいんだと思えるようになった。また、なかなか手をつけられなかった教科の勉強も、漢字は絵本を使って覚えることから始めるなど、嫌悪感を抱かなければ随分と楽にできた。こうして私は一つひとついろいろなことに前向きに取り組めるようになり、自分のことを少しずつ好きになっていったのだ。

もう一つ、私が「わくわく」で学んだことは、〝自分の考えに基づいて行動すること〟だった。日頃から自分の学習内容を自分で決めるというやり方はとてもよかったし、なにより思い出に残っているのは修学旅行に行ったことだ。自分たちで計画を立て、交通費から宿泊費、行き先での施設入場料などを計算し、必要な資金をフリーマーケットで集めるなどという経験は小学生ではなかなかできないことだと思う。それは一緒に取り組める仲間、そしてスタッフの干渉し過ぎない支えがあってこそできたことだろう。

何にしても、「わくわく」で得たことは今の私に欠かせないことばかりだと思う。私は今、歌を歌うということをしている。ふとその日々を顧みて、得たことがどのように生かされているか考えてみる。ライブの計画を立てるときなど節々で力になっているかもしれないと感じることはあるが、結論はそれより私のもっと深いところ、根底で生きる力となっているだろうということだ。今はまだそれを明確に言い表すことが難しいが、他人に言われたことだけを意味もわからずにこなせるようになるより、私にとってずっと必要なことを学んだことは確かだ。

最後にもう一つ、ここで書いておきたいことは母のこと。母は本当にいつも私の一番近くで助けてくれる。不登校だった間も、どうするのが一番いいのかずっと考えてくれていたし、その後もいつも私の選択を受け入れ、全力で支えてくれた。そんな母がつい先日、こんなことを言った。「あなたは自分で大きくなったのよね。私はあなたの成長を邪魔しないように努めたのだから」。あぁ、なんて素敵な人なのだろう。感謝するばかりだ。そしてもちろん、なんだかんだ最後には絶対に私のことを応援してくれる父にもとても感謝している。次は私が、人に何かを与えられる人間に成長していかなくてはならないと強く思う。

二人目は辻岡素直さん。中学部の第一期卒業生で、中学部ができてから最初の三年間、一緒に中学部をつくってきました。小学部にいた頃は、人と関わることや新しいことにチャレンジすることが苦手で、選択プログラムを取らなかったり、一人で本を読んでいたりすることが多かったのですが、少しずつ自分と向き合って新しいことにチャレンジするようになりました。中学部では、ほとんどすべての選択プログラムに参加したり、積極的に話し合いの司会を務めたりして、クラスの中心的な存在になっていきました。中学二年生の頃から進学先の学校を自分で探し始め、三年生になる頃には志望校を決め、長期プロジェクトで小説を書きながら、懸命に苦手だった科目の学習を進め、見事に志望校に合格し、今はその高校に元気に通っています。

「こどもの森で学んだ三つのこと」——辻岡素直(二〇一七年度中学部卒業生)

私がこどもの森に通い始めたのは小学四年生からです。それから約六年、こどもの森でさまざまなことを学びました。特にこどもの森で得たことは三つあります。

一つ目は、自分の考えを言うことです。こどもの森に通い始める前の私は、自分の考えを言うどころか、考えることもしませんでした。ただ言われたことをこなすだけでした。こどもの森では、「あなたの考え」をいつでも問われます。話し合いや「テーマ」の発表では、必須になりました。まあ、最初の頃は苦手意識を持っていました。少しずつ慣れてきて、自分の考えを言うことによって自分がしたいことや好きなことを見つける機会も増えていきました。

二つ目は、他人の価値観を知ることです。これは小学部ではなく、中学部で学んだことです。小学部で学んだことの上を中学部では学びます。その中学部では共同プロジェクトという時間があります。その時間では、中学部生徒全員で協力しながら、何かをつくったりします。私の場合は、旅行の計画を立てたり、図書室づくりをしたりしました。

私が中学部にいたときは、生徒全員が個性的で話し合いは困難でした。私は、無茶苦茶な意見にはあまり内容を聞かず、自分の価値観から意見を却下していました。しかし、この行為は無駄でした。中学部の人たちはますます、意見を言います。仕方なく聞いてみると、内容は無茶苦茶でも自分の価値観とは違う、いろんな価値観があり、どれも楽しいものでした。このようなことで他人の価値観に触れて、自分の価値観が変わりました。私は他人の価値観を知り、自分の価値観を広げています。

三つ目は、客観的に物事を見ることです。私は、恥ずかしながら自分が正しいと思うと他人の意見を聞かず、すぐに反論する困った生徒でした。

ある話し合いで、同級生の女の子が私の意見と真逆の意見を言いました。そのとき、今思えば恥ずかしいのですが、怒りながら反論をしました。それが怖かったようで、その女の子は泣いてしまいました。話し合いが終わった後、怒って反論した自分の行動を後悔しました。その子の意見をよく聞くと、私の意見を踏まえた上で、物事がうまくいくように考えた意見でした。

それからは、自分の行動、意見、物事を客観的に見るようにしました。時間はかかりましたが、客観的に物事を見ることができるようになると、自分を律し、他の意見のいいところを聞き、双方が納得できる意見を考えることができました。

今、私は高校生です。高校は義務教育ではないので、必ずしも行く必要はありませんが、高校に行くと決めました。なぜなら、将来、私がしたいことをするために、そして学びたいことがあったからです。客観的に物事を見て、自分のしたいことを考えたため、このような結論を出すことができました。

高校に入学してからも、こどもの森で学んだ三つのことを今も生かしています。自分の考えを言えるおかげで、友だちと対等な関係で楽しく学校生活を過ごせています。他人の価値観を知ることにより、自分の知らないことを知ることができています。客観的に物事を見ることによって、物事を違った視点で見て意見を言うことができています。私は、この他にもこどもの森で数え切れないほどのことを学ばせていただきました。私にとって、こどもの森は第二の家です。こどもの森で学んだことは、永遠に私の中で生き続けます。

第2章

持続可能な未来のための教育

私たち子どもは、あなたたちを目覚めさせるために
これをしているのです。あなたたちが意見の違いを脇に置き、
危機に瀕しているときのように行動し始めるために、
これをしているのです。 ――グレタ・トゥーンベリ

気候変動対策に消極的な大人たちに抗議してストライキを始めたスウェーデンの少女

教育とは何か

善さの教育

教育というと、ふつうは子どもの教育、幼児教育や学校教育のことを指すことが多いのですが、本来は、大人も含めて「人間として善く生きる」ことを学ぶために教育があると考えるべきだと思います。ソクラテスは、「一番大切なことは、単に生きることではなく、善く生きることである」と言っています。それでは、「人間として善く生きる」とはどういうことでしょうか？

アリストテレスは、「人間のすべて営為には善くなろうという目的があり、それらの目的の最上位には、それ自身が目的である最高善の『幸福』がある」と考えました。そして、「幸福は卓越性（徳）に基づく人間のよき生、よき働きによってもたらされるもので、人間のあらゆる行動の究極の目的である」[*1]と言っています。「人間としての善さ」に即して活動することが、幸福に至る道だと考えていました。しかし、「幸福とは、単に快楽を得ることだけではなく、政治を実践し、または、人間の魂（心）が理性（知性的な卓越性）

を発展させることが本当の幸福である」とも言っています。

　彼の言う「善さ」の働きは一つではなく、無数にあります。例えば、芸術家がよい作品を作ることや技術者がよい製品を作ること、医者が患者の病気を治すことなどもそうです。そして、究極の善さの発現は、自分が幸福になり、他の人もまた幸福になることにほかなりません。


　ここで、改めて教育とは何だろうかと考えてみると、「教育は、学ぶ人が『善く生きる』ことの意味を理解し、自分の人生を『善く生きよう』とするのを援助する営み」と定義することができるでしょう。

　この定義づけには、「教育とは、子どもが将来、社会に出たときに必要とされる知識や技能を身につけさせること」「その子の持っている才能を伸ばしてやること」と考えている人にとっては違和感があるでしょうが、それは教育の一部の目的についての言及にしか過ぎません。その知識や能力が何のために必要かと問われたときに、どう答えればよいのでしょうか？「よい会社に就職できて、安定した生活をしていけるようになるため」とか、「この競争社会を生き抜くために他の人よりも秀でた能力を開発するため」とか答えたと

＊1――アリストテレス『ニコマコス倫理学（上）』岩波書店

します。「では、それは何のためですか?」と問われたとき、アリストテレスが言うように「究極の目的は、幸福な人生を送ることである」ということになるだろうと思います。そして教育は、「幸福に生きたい」「人生を自分らしく生きたい」という人間の根源的な欲求を叶えるための最良の手段だというのが私たちの考えです。

次に、「人が善く生きるための教育とは何か」について考えてみましょう。

「幸福に生きる」という目的を追求するための活動は一つではなく、たくさんあります。ある人は、モノづくりの職人になってよい製品を作り、ある人は科学者になって好きな研究に没頭するでしょう。また、ある人は家庭での家事や子育てに喜びを感じるかもしれません。それらの活動を行うにはそれに先立って、そのことに役立つ知識や技術を身につける必要があります。そのプロセスが「学習」なのですが、それを始めるため、やり続けるために必要なものがあります。それは「これをやるぞ!」という意欲を持つことであり、それをやり遂げようとする固い意志です。

「自分の人生を善く生きたい」という人々の願いを叶えるために教育があるとするならば、教育者はこのことに注力する必要があります。学ぶ人に「やってみたい!」という気持ちが起きるように働きかけたり、途中で困難に出合っても挫《くじ》けてしまわないように勇気づけることが大切です。

教育というと、学ぶ人に基礎的あるいは専門的な知識や技術を身につけさせることだと考えられていますが、実はそれだけではなくて、その人が本当にやりたいことを見つけることができるように、また、そのために努力する習慣を身につけるように、援助することが大切です。

アリストテレスはこう言っています。

「優秀さは訓練と習慣の賜物である。私たちは美徳と優秀さを持っているから正しい行動をするのではない。むしろ、正しい行動をするから美徳と優秀さを持つことができるのである」[*1]

学ぶことの意味

A・H・マズローの有名な欲求段階説によれば、人間には五つの基本的欲求があり、最下段には生理的欲求（食欲や性欲）、その上に安全の欲求（安定や安心）、所属と愛の欲求（良好な人間関係）、承認の欲求（自尊心や他者からの承認）の各欲求段階があり、最上段は自己実現の欲求（自分らしく人生を生きたいという欲求）が占めます。自尊心の欲求というのは、自信、能力、自立、自由などに対する願望です。しかし、マズローはこの他にも人間にはいくつかの重要な欲求があると言っています。その一つが認知的欲求（知る欲求と理解する欲求）です。それは一般に好奇心とか探究心とか呼ばれるものです。

幼い子どもには何でも自力でやってみようとする時期があります。自分の手で食べ物を食べようとしたり、自力で歩こうとしたりします。人間以外の多くの動物には、生まれつきその能力が備わっています。馬や牛の子は出産してしばらくすると、自力で立ち上がって、歩くことができます。人間の赤ん坊は頭が大きいので産道からの出産が難しく、動物としては未熟な段階で産まれるといいます。そのため、それらの能力を生まれた後に身につけなければなりません。そこで、何をどうしたらよいかを周りの環境や大人の手を借りながら知ろうとします。これが自立のための学びの始まりです。

このように人間は、本能だけに頼らずに生きるすべを自力で学ぶことを運命づけられた生き物だと言えるでしょう。言い換えれば、人間は生きるために常に学ばなければならないのです。

幼い子どもはやがて周りの大人の力を借りて言葉を学ぶようになり、ものごとを言葉で理解し表現するようになります。この頃は好奇心や探究心が最も盛んな時期です。「これは何？　あれは何？」としきりに尋ねます。大人の言動をよく観察し、それを真似ようとします。「まねび」が「まなび」に発展する時期です。また、この時期の子どもは想像力が豊かで、空想の世界でも遊びます。空想の世界では、動物や植物は言うまでもなく、おもちゃの電車とも話すことができます。遊びの中でストーリーを考えたり、お家やお城を作ったり、自分なりのやり方でものごとを試して、自立する力を身につけます。

小学校での学び方は、子どもが今までなじんできた学び方とは一変します。そこでは、子どもの意思とは関係なく、大人の教育的な意図のもとにすべての学びが構成されていて、先生からクラスの全員に対して同じ方式での学びが強制されます。それに順応できる子もいますが、抵抗感を覚える子、それについていけない子も出てきます。学ばねばならないことが、子どもの興味関心を引いたときは積極的で主体的な学びとなりますが、そうでなければ消極的で受け身の学びになってしまいます。無理にやらされていると感じると、学ぶことを楽しいとは感じなくなり、その時間をなるべく無難にやり過ごそうとします。そして、時間をかけて学びを深めることよりも、最短時間でほどほどの結果が得られる方法を求めるようになります。その最たるものが受験勉強で、最小の努力で最大の成果を得られる方法を学ぼうとします。これでは、自立するために学ぶ、好奇心や探究心から学ぶという本来の学びから遠ざかることになってしまいます。

受験勉強などのような本来の学び方を軽視する教育では、結果だけを重視するので、学びの成果をテストの成績で判断します。テストでよい成績をあげることが子どもたちの学びの動機づけになり、目的になってしまいます。その結果、テストの成績のよい子は高く評価され、成績のわるい子は他の面でよいところがあってもそれは評価されず、その子の自己肯定感を低くしてしまいます。現在の教育の問題点はそこに集約されているように思います。

このような木を見て森を見ない教育を続けていれば、日本の将来は危ういなと思います。グローバル化が進む今日、そして、持続可能な未来を考えるなら、受身な人間を育てる今の教育から早く脱却して、子どもの自立心や探究心を育む教育に転換しなければなりません。自立心や探究心がしっかり育てば、いろいろなことに興味を持って自主的、主体的に深く学ぶことができるようになるし、創造性も豊かになります。

大人になって振り返ってみると、自分たちの受けた教育は一体何だったのだろうと疑問に思う人は多いと思います。受験勉強でたくさんのことを覚えたけれども、社会に出たら学んだことの大半は使うこともなく、すぐに忘れてしまったという人は少なくありません。いや、ほとんどの人がそうなのではないでしょうか？

社会人になると、仕事に必要なことは新たに学ばなければなりません。仕事を効率的にやる方法だけではなくて、仕事を創造的にやる方法も必要になってきます。今まで学校では学んでこなかったことを学ばなければなりません。そこで、改めて「学びとは何か？」という問いに出合うことになります。

定年で仕事を辞めた人の場合、残りの人生はまだ長いので、そのとき「余生をどう生きるか？」「本当に幸福な生き方とは何か？」といった人生への問いかけがあります。そして死の床についたとき、「あなたは、この人生において何を学びましたか？」という究極の問いかけがなされます。人生とは、学校のようなものなのかもしれません。

こどもの森の教育が目指すもの

こどもの森教育のエッセンス

私たちは、こどもの森学園の教育を通して、子どもたちが自立する力や協働する力、創造する力を養い、人生を幸福に生き、民主的で持続可能な社会を担う人に育ってほしいと願っています。

この言葉は、箕面こどもの森学園のスタッフが、ほぼ一年間かけて作った新しい教育指針の前文に書かれているものです（巻末資料1所収）。

これまではこどもの森学園の教育指針として、次の五つの項目を掲げていました。

（1）自分を表現する
（2）自律して学習する

（3）チャレンジする
（4）協力して活動する
（5）多角的に考える

これらの項目は、私たちの教育の実践の中から子どもの成長を促すのに最も大切だと考えたものですが、それぞれが短い言葉で表現されているため、その意味するところをスタッフが口頭で人に伝えなければなりませんでした。そこで、この項目をもっと増やすことと、その内容をわかりやすい言葉で説明することにしました。

最初は一二項目の教育指針を考え、それについてスタッフ全員で逐一検討しました。その作業を始めたのは一月初めでしたが、ほぼ毎月検討会を開いて、かんかんがくがくと議論を重ね、六月にはようやく九項目に絞り込むことができました。そして、それらを「健やかな心とからだを育む」「人とよい関係を築く」「世界とつながって生きる」という三つのカテゴリーに振り分けました。

七月頃には、みんな議論に疲れてきて、もうこれで完成にしようということになりました。ところが「まだ考慮の余地があると思う」という人が出てきて、再び全員が納得するまでとことん議論を続けることになりました。

『健やかな心とからだを育む』の中には、「自分を表現する」「自律して学習する」「チャレンジする」「将来の夢を見つける」の四つを入れました。しかし、「将来の夢を見つける」は、子どもたちに必ず夢を持たなければならないと思わせる可能性があるのでよくないという意見が出て、「人生をデザインする力を養う」に修正しました。そして延々と続いた議論の末に、次のような内容になりました。この中には、子どもたちが自立して生きていくために必要なことが書かれています。

01　子どもたちは、日々遊んだり、話したり、からだを動かしたりします。その中でいろいろな考えや感情が生まれ、それを表現することによって、心とからだの健やかな成長の土台が築かれます。〈自分を表現する〉

02　子どもたちは、好奇心や探究心から、初めてのことや少し難しいことにチャレンジし、自分のできることの範囲を広げます。〈チャレンジする〉

03　子どもたちは、何を学びたいか、どのような方法で、どのような進度で学ぶかを自分で計画して、学習に取り組みます。そして、学んだことを振り返ります。このことによって、自律して学習する習慣を身につけます。〈自律して学習する〉

04　子どもたちは、遊びや学習、自然との触れ合い、周りの人たちとの関わりの中で、自分のやりたいことに出会います。それを追求することによって、自分の人生をデ

ザインする力が養われます。〈人生をデザインする力を養う〉

『人とよい関係を築く』には、「自分も人も大切にする」「協力して活動する」「対話して問題を解決する」の三項目を入れ、次のような内容になりました。初めの二つは、自己肯定感や他者への信頼感を育むための土台となるものです。三つ目は、学校で何か問題が起こったときに私たちが用いている有効なやり方です。

05　子どもたちは、日々の活動の中で自分を大切にするとともに、他の人も大切にすることを学びます。このことによって、自分を信頼する気持ちや他の人を思いやる気持ちが育まれます。〈自分も人も大切にする〉

06　子どもたちは、異なる年齢や性別、個性や背景を持った人たちと話し合い、協力しながら、ものごとに取り組みます。このことによって、他の人を理解し信頼する気持ちが育まれます。〈協力して活動する〉

07　子どもたちは、集会などにおいてものごとを決めるときは、多数決ではなく、全員が納得いくまで民主的に話し合います。対立が起こったときは、対話して平和的に解決します。〈対話して問題を解決する〉

『世界とつながって生きる』についても、延々の議論の結果、「多角的・全体的に考える」「持続可能な社会づくりに貢献する」の二項目が入りましたが、内容が少し難しくなり、中学生以上の人向けのものとなりました。

08　子どもたちは、自分が世界とどうつながっているのかを知るために、ものごとを多角的にそして全体的に考えます。〈多角的・全体的に考える〉

09　子どもたちは、人と社会、人と自然が深くつながっていることを理解し、地球環境の保全と人類の発展が調和する平和で持続可能な社会づくりに貢献します。〈持続可能な社会づくりに貢献する〉

この九項目の内容が確定したのは一一月末のこと。ほぼ一年がかりで決めたこの教育指針を「こどもの森教育のエッセンス」と名づけましたが、その完成に至るまでの長い議論のプロセスは、「話し合って問題を解決する」というこどもの森のやり方を、正に体現したものとなりました。

自分も人も大切にするということ

「自分を大切にするって、どんなことだと思いますか？」と聞かれたら、どう答えますか？　そんなこと考えたこともないと言う人が多いのではないでしょうか。小さい頃から「人に迷惑をかけてはいけない。人に親切にしなければならない」と教えられてきたこともあって、友だちや家族など、自分以外の人を優先してしまい、自分のことを後回しにしている人もいると思います。

箕面こどもの森学園では、子どもたちが入学してきたときに、「まずは、自分を大切にしてほしい」ということを伝えます。それは「自分を大切にできない人は、本当の意味で人を大切にできない」と考えているからです。ネイティブ・アメリカンの教えに、「神様は、一番大切なものを七番目の方角に隠しました」というものがあります。東西南北で四つ、天地で二つ、合わせて六つの方角がありますが、それ以外のもう一つの方角とはどこでしょうか？　そう、七番目の方角とは、外にあるのではなく、自分自身の中なのです。子どもたちには、「そこに何があるのかを探して自分自身に向き合っていくことが、自分を大切にすることになる」と伝えています。

新学期が始まった四月。一年生から三年生まで子どもたちが一緒に学ぶ低学年クラスで、「自分を大切にするって、どんなこと？」という哲学のワークショップをしました。まず、「自分を大切にしていない」ということについて話し合ってから、「自分を大切にすること」はどんなことだと思うかを出し合っていきました。

子どもたちからは、驚くほどたくさんのアイデアが出てきました。まずは、お花見、遊園地、動物園、プールなど、「行きたいところに行く」ということ。続いて、テレビやDVDを観る、ゲームをする、友だちと遊ぶ、面白い話をするなど、「やりたいことをやる」ということ。お菓子をいっぱい食べる、ごはんやおいしいものを食べるなど、「食べること」。はしゃぐ、跳び上がる、踊る、笑うなど、「楽しいこと」。中には、「忍者に会って、忍術を教えてもらう」というものがあったり、「家族と過ごす」というほっこりするものもあったりしました。

そんな中、「思ったことや意見をちゃんと言える」「嫌なことは断る」というものが子どもたちから出てきました。この二つは、大人でもなかなかできないことです。小学生のときから、この二つが自分を大切にすることにつながっていることを知っているなんてすごいことですし、これからどんな人に成長していくのか、とても楽しみになりました。

私たち大人は、「自分を大切にするって、どんなことだと思いますか?」といきなり聞かれても難しく考え過ぎて戸惑ってしまいますが、子どもたちの姿から、「自分を大切にする」とは難しいことではなく、実はすごくシンプルなことなのだと教えられている気がしました。

このように、「自分を大切にする」ということについて十分に話し合ってから、次に

「人を大切にする」ということについて考えました。そうすると、一緒に公園に行く、鬼ごっこをする、ゲームをするなど、「一緒に遊ぶ」ことだと思う人もいれば、プレゼントをあげる、ものを分けるなど、「何かをあげる」ことだと思う人も。「一緒に何かを食べる」「仲良くする」というのもあれば、「いいところを見つける」「人の意見も聴く」「ケンカをしたときは話し合う」といった深い意見も出てきました。

自分を大切にすることができれば、集団で助け合ってしか生きていくことのできない動物である人間は、自ずと人も大切にできるようになるのでしょうか？　それとも、それは自然なことではないのでしょうか？

少し話が飛躍しますが、人間以外の哺乳類は、白目があってもそれを見せているものはほとんどいません。白目が見えていると、黒目の動きから、どこを見ているのかがすぐにわかってしまうので、生存競争の中では不利になります。それでも、人間だけが進化の過程の中で、黒目を小さくしてあえて白目を見せる道を選んだと言われています。自分が何を見ているのか、何を考えているのかを他の人に伝えて助けてもらった方が生き残るのに有利だと考えたからなのでしょう。このように人間は、お互い何を考えているのかを伝え合い、助け合いながら生きてきたのです。

「自分も人も大切にするってどういうこと？」

子ども時代からこの問いに向き合いながら生きていけたなら、子どもたちは自分の人生を豊かに、そして安定して生きることができるようになると思います。

子どもがハッピーであるためには

子どもが自分の人生を生きていくために必要な力とはなんでしょう。多くの知識を覚える力でしょうか？　人との競争に勝つための力でしょうか？　いいえ、そうではありません。自分の人生をよく生きるために最も必要なのは、『自己肯定感』です。自己肯定感とは、「あるがままの自分でいてもよい」と思える心のことです。何かができる、できないにかかわらず、自分が今こうしてここに存在していることそのものに価値を感じる心のことです。

例えば、サッカー選手が、あるとき事故で選手生命を絶たれるほどの大けがをしたとします。その人がもし、自分のサッカーの能力だけにアイデンティティを持っていたとしたらどうでしょう。「自分はもうダメだ、生きる価値がない」と感じ、自暴自棄になってしまうかもしれません。でも、その人がもし、自分の存在そのものに価値があると感じていたとしたら、「自分はもう選手としてはやっていけないけど、他にも自分ができることはきっとあるはず」と思うことでしょう。このように自己肯定感は、生きる力の土台なのです。

子どもの成長の土台になるのも自己肯定感です。これがしっかりと育っていると、子どもの心に「意欲」が湧いてきます。知らないことへの好奇心や、学ぶ意欲が湧き、自分のやりたいことが見つかり、そこに向かってチャレンジしようとします。また、他者への思いやりの気持ちも育ちます。こうやって外側へと自分の世界を広げていくのです。

ところが現代社会を生きる人間、特に日本人は自己肯定感が低いという統計が出ています。[*2] 詰め込み教育や受験競争など、子どもたちは常に周りと比較され、一つのものさしで評価され続けて、「自分はダメだ。自分なんて必要ない人間なんだ」と思い、自信を失っているのです。不登校や引きこもりなどの社会問題の原因の一つは、ここにあります。

学習が進まない、やる気がない、生活リズムが崩れている、友だちとトラブルばかり起こす……。そんな子どもたちの困った行動に対して、私たち大人は叱ったり、なだめたり、なんとかしようと手出し口出しします。しかし、これらの方法はうまくいきません。むしろ逆効果にすらなります。なぜなら、子どもの困った行動は、その土台である

＊2――「我が国と諸外国の若者の意識に関する調査」（二〇一三［平成二五］年度）内閣府

自己肯定感の低さの表れだからです。自分はダメだと感じている子どもに、「もっとこうしなさい」「それじゃダメだ」と叱咤激励することで、子どもはますます自分はダメだと思うようになり、困った行動がどんどんエスカレートしていきます。

しかし、困った行動は子どもの心のサインなのです。自己肯定感は心の状態なので、目に見えません。私たちはつい子どもの行動の方にばかり目がいって、その行動を変えさせようとしますが、そうではなく、目に見えない心の状態にこそ目を向ける必要があるのです。こどもの森では、入学のときの保護者面接で必ず聞く質問があります。それは、「お子さんの学習が進まない場合、心のケアを最優先することに同意できますか?」というものです。自己肯定感を育むことが何より優先されるべきだということを、子どもを育てる周りの大人たちと共有することが大切だと思っています。

では、子どもの自己肯定感を育むためには、どうすればいいのでしょう。その根本は「人との関係のあり方」にあります。それは「尊重」と「対等」です。大人が子どもを下に見る上下関係や管理者目線ではなく、受容と信頼のもとにお互い一人の人間として接します。

箕面こどもの森学園では、そのことは学校生活の随所に表れています。例えば、スタッフのことは先生と呼ばず、お互いをニックネームで呼び合います。何かを話し合うときはみんなで丸く座ってサークル対話をします。意見が分かれた場合は少数派の意見も尊重され、たった一人の反対意見も十分に聞きます。スタッフは子どもの悩みや困りごとを共感的に聴き、子どもに対して言いたいことがあるときは、アイ（私）メッセージ[*3]で伝えます。

学習は個人のペースが大切にされ、何を学び何を学ばないかを選択することができます。「自分のやりたいこと」「好きなこと」「今は何をするのか」を常に問われ、自己決定できる環境は、子どもの自分軸を育てます。「自分が自分であっていい」というメッセージが、学校のすみずみにまで空気として満たされているので、子どもたちは毎日学校に来て生活しているだけで、当たり前のように自己肯定感を育んでいるのです。

こうして自分を持って生きている子どもたちは、友だちが自分とは違っていてもそれを受け入れることができ、その違いを強みにして、今自分がいる場所をよりよくしていくために他者と協働することができるようになっていきます。子どもの自己肯定感を育むことは、よりよい社会を作っていくための基礎づくりでもあるのです。

シュノーケリングの学びからスキューバダイビングの学びへ

小学部では、「子どもが学びの主人公」というモットーを掲げています。子どもたちに

*3——「私は～と思う」「私は～な気持ちだ」というように「私」を主語にして考えや気持ちを伝える言い方

は、学びは自分自身のためのものだという意識を持ってもらいたいと考えているからです。また、中学部では「学ぶと生きるをデザインする」というモットーを掲げて、子どもたちが自立への態勢を整えることと、自分と社会との関わりをより強く意識することを大切にしています。

小学部の子どもたちは、この学園の学びを通して、自分の学習内容を自分で考えて自分で決めていくことができるようになっていきます。例えば、ことば・かずの時間では、漢字学習をどこまでやるのか、自由作文を何枚書くのか、計算の問題や図形の問題をどれだけ、いつやるのか、一人ひとりの子どもたちは自分が決めた学習計画に沿って、学習を進めています。そのため、漢字練習をしている人の隣で、足し算の問題をやっている人がいたり、作文を書いている人がいたりします。

そして、何をやるかを自分で決めて好きなことがやれるプロジェクトの時間があることも、この学園の特徴の一つです。工作で貯金箱やミニチュアの家などを作る人もいれば、絵本を作ったり漫画を描いたりする人もいます。木で船や家具を作る人もいれば、キッチンでお菓子作りをする人もいます。

小学生が、どうやって自分の学習内容や、プロジェクトでやることを決めているのかを見ていると、友だちや上級生がやっていることやどこかで見たものを参考にしたり、あまり深く考えずに、「あ、これやろう!」とその場の思いつきで決めたりしているようです。

その学び方は、シュノーケリングに似ています。シュノーケリングでは、深く潜ることはなく、海面近くを横に移動しながら、海の中に見える景色を楽しみます。それと同じように、小学生の学びは、誰かがやっているのを見るなどしながら、「面白そうだからやってみよう！」という、自分の興味関心から出発して、自分に戻っていくような学びだと思います。

小学部の学びがシュノーケリングのような学びであるのに対して、中学部の学びは、スキューバダイビングに似ています。

深く潜って海の底を探索するように、自分の中に何があるのか、自分は何が本当に好きなのかを見つけるのに、三年間という時間の中で、ゆっくりと自分と向き合ってそれを見つける人もいます。

絵を描くのが大好きで、プロジェクトの時間のほとんどを絵を描くことに費やしていた女の子がいました。とにかくたくさん絵を描き続け、自分で個展を開いたり、絵本や曼荼羅図を制作したり、自分の作品を販売したりと、意欲的に創作活動を行っていました。卒業後は、通信制の高校で学びながら、創作活動を続けるという道を選びました。

小学生の頃には、周りへの不安が強くて、自分に自信が持てなかった男の子がいました。中学部の学びの中で、大好きな歴史や本のことを調べて発表したり、行事や共同プロジェクトなどで積極的に役割を引き受け、人に頼ったり人から頼られたりしながら、物事を達成するという経験を積んでいく中で、自分に自信が持てるようになっていきました。卒業式のスピーチでは、「いろんなことがあると思うけど、見方を変えたり、人に頼ったり、自分を信じたりすることで“It's a piece of cake（楽勝だよ）”という言葉に変えることができる」という話を在校生の人たちにしました。

中学部を卒業する人たちが自分の中に何があるのかを探しにいき、そこに真摯に向き合ったからこそ、一人ひとりがその人らしく育っていってくれたのだと思います。

中学生には、「自分の中に何があるのか、スキューバダイビングをするような気持ちで探しにいってほしい」「自分の心の声を心の耳で聞いて、そのことに向き合って学習することを決めてほしい」と伝えています。シュノーケリングの学びからスキューバダイビングの学びへ進むためには、まずはシュノーケリングの学びを十分に楽しむことが大切です。そこで十分に満たされた人だけが、自分の中の大切なものを探すために深く潜っていくことができるのだと思います。

コラム3――実行委員会の仕事

この学校の行事のほとんどは、子どもたちからの提案によるものです。行事の企画・運営は子どもたちの実行委員が行います。年度初めの全校集会で決まった行事について、時期が早いものから順に実行委員を募集し、実行委員会ができます。実行委員は希望すれば誰でもなれますが、低学年・高学年・中学部から数名入ってもらうようにしています。そして各行事に担当スタッフがつき、一緒に話し合いをしながら、準備をしていきます。

行事には、参加メンバーが異なる三つの形式があります。

(1)実行委員会が運営し、全校生徒が参加する行事
（体育祭・夏祭り・ハロウィンパーティー・ホワイトパーティー（冬のお楽しみ会）・餅つき大会・卒業を祝う会）

(2)実行委員会が運営し、希望者が参加する行事
（水鉄砲大会）

(3)実行委員会が運営し、実行委員のみが参加する行事
（釣り）

新しく行事が提案されるたびに、どのような形式で行うのかを決めます。餅つき大会・水鉄砲大会・釣りは、近年新しくできた行事ですが、それぞれ別々の形式で行われることになりました。提案から企画・運営・振り返りまでを子どもたちが主体的に取り組んでいます。

実行委員会の他に常設の委員会もあります。中学部校舎の一階に図書室ができたときは、この図書室を共同プロジェクトとしてつくった中学生が図書室の管理をしていたのですが、その後、全校生徒の中から図書委員を募り、その人たちが図書室を管理していくことになりました。毎週水曜日のお昼休みに図書委員が集まって話し合ったり、図書の貸出・返却の作業をしたり、新しい本を手に入れることを検討したりと大忙しです。

「郵便屋さん」という委員もいます。これは校内に郵便ポストを設け、その中に自由に手紙を入れてもらい、それを校内にいる人に配達する役割を担っています。これは、直接話すだけでなく、手紙で何か伝えたい、そういう声があって生まれたものです。やりたい人が手を挙げ、曜日ごとに配達する人を決めて活動しています。「郵便屋さん」という親しみやすい呼び名にしたことで、低学年の人の中から参加したいという人がたくさん現われました。

この学校の運営には、たくさんの子どもが委員として主体的に関わり、学校という小さな共同体に貢献しています。

民主的な教育とESD

脱・多数決のススメ　—民主的に生きる人を育むために—

なにか物事を決めるとき、みなさんはどのような方法をとられますか？　多くの場合は、多数決で決めることが多いと思います。「民主的な決め方＝多数決」だと考えている人が多いと思いますが、多数意見がいつも正しいとは限らないし、少数意見の中によいものがあるかもしれません。自分の主張と相手の主張が違ったとき、私たちは「自分が正しくて相手が間違っている」と思ってしまいがちです。でも、「そんな考えもあるのか」と思えること、異なる意見をすり合わせてお互いに納得のいく案を探っていくことが大切で、そうやって対話しながら合意形成がなされるのが成熟した民主主義の社会ではないでしょうか。

民主主義が成熟している国と言われるオランダには、「浮揚面」という言葉があります。意見が対立したとき、お互いの気持ちや考えを出し合った後で、「じゃあ、ここからどうするのか？」と、自分の主張に固執せず、互いに歩み寄って、第三の案を模索し続けていった先に、まるで浮かび揚がってくるように出てくる案のことを指します。オランダの失業率がとても高かったとき、企業家、労働者、政府の立場の異なる人たちが徹底的に対話して、この浮揚面を見出すことで状況を好転させたそうです。

箕面こどもの森学園でも、物事を決めるときに多数決は用いません。意見が分かれたとき、誰もが納得できる方法を見出すために、いろんな案を出し合いますが、その中から最も賛成が多い案ではなく、誰も反対しなかった案を選びます。少数意見であっても、自分の意見を人に聴いてもらえたという経験をもつことによって、意見の違う人のことも尊重できるようになっていきます。

例えば、修学旅行の行き先や、お泊まり会の内容を決めるときも、子どもたち全員が話し合って決めます。高学年が行く修学旅行では、すんなり行き先が決まる年も、なかなか決まらない年もあります。ある年、白浜と京都で意見が分かれ、延々と話し合い、「修学旅行の行き先は白浜にするけど、京都には日帰り旅行に行く」ということで落ち着いたこともありました。

低学年がやるお泊まり会では、学校に集合してから夕方までの過ごし方で意見が分かれました。学校でレクリエーションをして過ごしたい人と外に出かけたい人とがいて、話し合った結果、学校の近くの公園にみんなで遊びに行ってから、その後、校内でレクリエーションをすることになりました。

この学園では、こうして話し合って決めたことが、学校のルールとなっていくのですが、あるとき、中学生から「ルールが多すぎる。自分たちで判断して学校生活を送りたいから、もっとルールを少なくして、大事なものだけ残すようにしたい」という提案がありました。「主体性を育む学校なのに、ルールだからという理由で守るのはおかしいと思う」「中学生は自分たちで判断できるから、小学部と中学部のルールは分けてもいいんじゃないか」などの意見が出ました。これに対して、「それぞれの人の自由が保障されるために、ある程度のルールがいるんじゃないか」「主体性を育むということと、ルールがあるということは矛盾しないと思う」「中学部と小学部を合わせて一つの学園なのだから、それぞれでルールが違うのは違和感があるし、混乱すると思う」などの意見がスタッフから出て、「この学園でのルールとは何か？　これからどうしていくのがいいのか」について議論が行われました。なかなか話がまとまらず、今もなお、低学年・高学年・中学部の各クラスの集会やスタッフ会議でこの問題について考え中で、みんなが納得できるものを見出そうとしています。

スタッフ同士の話し合い

この学園の好きなところはどこ?と子どもたちに尋ねると、「多数決で決めないところ」と返ってくることがあります。時間はかかりますが、物事を決めるときに、自分の意見をとことんまで尊重してもらえる環境を、子どもたちは居心地がよいと感じているようです。

多数決によらずとことん議論するやり方を学校だけでなく、職場やご家庭など、いろんな場所でぜひ試してみてください。きっと思いがけないことが起こると思います。

積極的平和のつくり方

民主的に生きることと平和には深いつながりがあります。一人ひとりがかけがえのない人間として生きる権利を持っている民主的な社会は、一人ひとりが平和を感じて生きている状態の上に成り立つものだからです。

そのため、箕面こどもの森学園では平和についての学習をとても大切にしています。「平和」を単に「戦争のない状態」と捉えるだけでなく、「人と人、国と国との対等な関係の中で生まれるもの」だと考えます。それは積極的平和と呼ばれるもので、この世界に生きる全ての人が尊重され、安心して生きていける状態を目指すものです。人と人との対立も、国と国との対立も、その構造は同じです。特に年齢の低い子どもたちにとっては、遠い国や過去の出来事よりも、いま目の前にいる他者と自分との関係を考えることが、より実感を持って平和を学ぶことになります。そんな身の丈の学びを重ねながら、「他者」の範囲を家族、友だち、学校、地域、国、世界へとだんだんと広げていくことで、子どもたちは世界のどこかで起きている戦争や紛争について関心を持ったり、どうすれば平和な世界を創ることができるのかを考えたりするようになっていきます。

二〇一七年度のテーマ学習「平和のレシピ―ささやかな提案―」での学びを紹介しましょう。低学年クラスでは、ピースフルスクール[*4]のプログラムの中から、対立が起きたときの解決方法「三色の帽子」のワークショップをしました。暴言・暴力などで攻撃する人は赤い帽子を、嫌なことをされても我慢してしまう人は青い帽子、対話で解決しようとする人は黄色い帽子をかぶります。サルとトラのペープサートを使ってロールプレイをしながら、話し合いを通して平和的に解決する方法を体感しました。後日、校内でケンカが起きたときに、一人の子が「〇〇ちゃんが赤い帽子をかぶってる！」と、学習室に置いてあった赤い帽子を取り出してその子にかぶせるという出来事がありました。三色の帽子が子どもたちの意識に芽生えていることがわかる、嬉しい出来事でした。

テーマ学習「平和のレシピ」

高学年と中学部では、「平和とはなんだろう」「戦争の

＊4―オランダ発祥の、子どもたちの対立を平和的に解決できるように考えられた教育プログラム

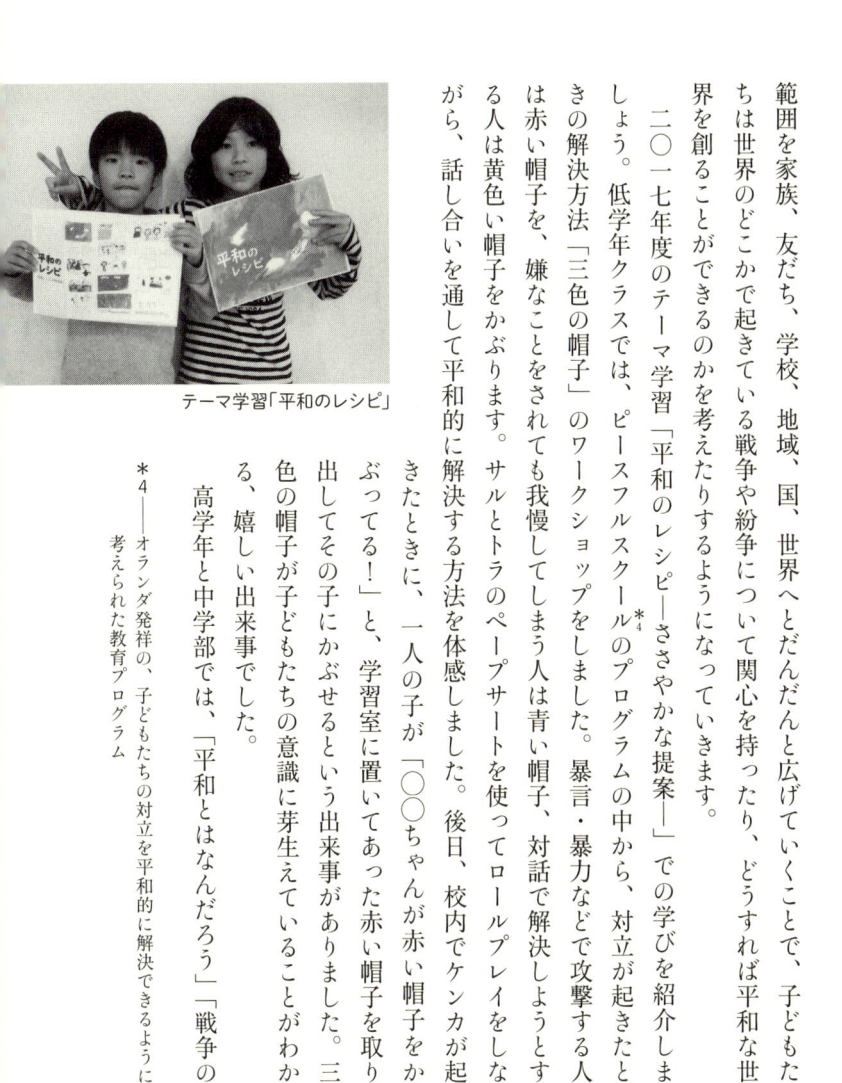

ない世界が平和だと言えるのだろうか」など、高・中一緒に意見や疑問を出し合いました。また、太平洋戦争を小学生の頃に経験された方に来校いただき、当時の情勢や厳しい生活を伺いました。それにより世界に広く関心を向けることや、一度自分で考えてみることの大切さに改めて気づきました。子どもたちは「平和の民族」「壁」「堀越二郎」「太平洋戦争」「動物と平和」「アタトゥルク」「ノーベル平和賞をとった人たち」「協力」「みんなの考える平和」「大久野島のこと」「心の平和」など、それぞれの興味関心から個人やグループで調べ、発表しました。

そんな子どもたちの考えた積極的平和のつくり方を、二〇一八年夏、『平和のレシピ』という一冊の絵本にまとめることができました。自分自身が平和であること、そして自分と家族、友だちとの関係が平和であるためにどうすればよいかを考え、さらに、世界で起こった悲惨な戦争を知り、平和な社会であるために何が必要か、平和のために自分にできることは何かを深く考え、まとめたものとなりました。レシピの一部をご紹介します。

「自分と友だちの平和―理由を聞く―」（一年S）

こんなときにおすすめ「ぼうしをとられたとき」

じゅんびするもの「りゆうをきくきもち」

ぼくはともだちのレシピをかんがえました。

このレシピのポイントは理由を聞くところです。

「いろんな壁をつくらない」（五年K）

人と人の心の間に壁があると、明るい気持ちになれない。
世界中の人がみんなを仲間だと思って、
戦争などをしない平和な世界が創れて、
ハッピーな人が増えると思う。
差別をしないで、やさしい気持ちになって、
人との壁をなくしていきたい。

このように、一定期間テーマ学習の中で平和について学びますが、改めて平和について学ばなくても、子どもたちはふだんの学校生活の中で常に「自分を大切に、人を大切に」という平和の土台の実践に取り組んでいます。

世界に目を向けると、解決し難い対立や紛争が続いている国や地域があります。それらを本当に解決していくためには、私たち一人ひとりが、相手や周囲で起こる出来事に対して不満や不安を増殖させてしまうのではなく、信頼と希望に変えていく努力をすることが

必要になってきます。私たち人間はとても脆《もろ》く、すぐに不安や不満要素を探そうとし、同じ不安・不満要素をもった人とは、強い連帯感を感じますが、不安や不満を感じた相手や出来事に対して排他的になりがちです。積極的に平和を創っていくためには、自分の脆さや愚かさと向き合い、乗り越え、相手を許し、信頼し、希望と平和を共に創っていこうとする覚悟が必要でしょう。私たち一人ひとりに、そんな力が備わっているとは言い難いところもありますが、そんな力を備えたいと願い、自分にできる小さな一歩を踏み出していくことはできます。子どもたちにも、平和を願うだけでなく、共に創っていける人になってくれることを心から願っています。

コラム4——トラブル解決は棒人間で

子ども同士のケンカやトラブルを解決するときによく使うのが、「棒人間の絵を使った話し合い」です。話し合った内容が子どもたちの目の前で絵や文字で書かれていくので、状況が理解しやすくなります。「あれ？　さっきなんて言ってたっけ？」といったこともなくなり、話し合いがスムーズになります。

準備するものは大きめの紙（A3くらい）と太めのペン。例えばAくんとBくんのケンカについての話し合いとしましょう。スタッフはあくまで中立な立場で「何があったの？」と、事の発端から順に話を聞いていきます。出てきた言葉をそのまま文字にして、紙に書いていきます。AくんとBくんの棒人間の絵を描き、Aくんがそのときくんに言った言葉は、Aくんの棒人間に吹き出しをつけて書き込みます。それに対してBくんが言い返した言葉も、吹き出しにして書きます。このようにして紙の上にケンカの様子が再現されていきます。このとき大切なのは、「あっちいけ！」などそのとき言った言葉や、叩く・蹴るなどの行動だけでなく、そのとき感じていた気持ちを聞くことです。例えば、先にちょっかいをかけたBくんが実は「Aくんと遊びたかった」という気持ちだったとしたら、その気持ちを心の声として吹き出しにして書き足します。こうすることで、紙の上にはケンカの様子に加えて、ケンカをしていたときはわからなかった相手の気持ちが見えてきます。この方法だと、お互いの気持ちがわかったり、なぜケンカになったのかその全体像が見えてきたりするのです。これはとても重要なポイントです。

私たち人間はいつも自分中心に物事を捉えていて、自分から見た世界が事実であると思い込んで生きています。ケンカは、お互いの事実と事実のズレから起こります。そのズレが、棒人間で描かれた紙を通して解消されるのです。自分だけの世界から、自分と相手両方が見えるようになる。つまり視点が高くなるのです。これをメタ認知と言い、棒人間で可視化することにより、メタ認知が促進されるというわけです。スタッフはただ事実を丁寧に聞いて記録していくだけ。子どもが自然と解決方法を見つけ出していく、そんな方法です。

実はこの棒人間のやり方は、かつて、発達障害の専門機関から教えてもらったものです。発達に凸凹がある子どもの特徴として、耳から聞くより目から入る情報の方がわかりやすいという場合が多いので、その機関では棒人間で四コママンガのように描いているとのことでした。発達に凸凹がある子どもにわかりやすい方法だから、そうでない子どもにも、よりわかりやすく伝えることができます。当時はただ、発達に凸凹がある子ども向きだと思っていましたが、使っていく中で、これは子どものメタ認知力を高め、問題解決力を育むことのできるツールであることに気がつきました。ぜひいろんな学びの場で使ってもらいたいと思います。

ＥＳＤとＳＤＧｓの実践

二〇一五年一月、箕面こどもの森学園は、ユネスコ（国連教育科学文化機関）から、ＥＳＤ（Education for Sustainable Development の略で「持続可能な開発のための教育」と訳されている）を行っているユネスコスクール（Associated Schools Project Network）として認証されました。公立学校でも、私立学校でもない、ＮＰＯ法人のオルタナティブスクールが認証を受けるということは、とても稀なケースでした。そして、二〇一六年には、国内に千校以上あるユネスコスクールの中から、ＥＳＤ推進重点校（サステイナブルスクール）二四校の一つにも選ばれました。

こう言うと、私たちが初めからＥＳＤを知っていて、それをやってきたと思われるかもしれませんが、実はそうではないのです。ユネスコスクールの認証を受けるときに、日本ユネスコ国内委員会の実地調査があります。私たちの場合は、大阪府立大学教授の伊井直比呂さんが来られましたが、そのときに伊井さんから、「この学園の教育はＥＳＤそのものですね」と言っていただきました。ＥＳＤというのがあるとは知らずに、私たちがこうやったらよいと考えてやっていた教育がまさにＥＳＤだったことを知りました。

私たちは、市民で学校を立ち上げ、試行錯誤しながら子どもたちの教育をしていく中で、「学校とは何を学ぶところなんだろうか？」「子どもたちにどんな力を身につけてほしいと思っているんだろうか?」ということを問い続けてきました。その結果たどりついた答えが、「この学校の教育は、自分も人も大切にする民主的に生きる人を育むことを目指す」ということでした。

次に、この目標をどう具体化していったらよいかが問題になりました。「自分を大切にするってどういうことで、人を大切にするってどんなことなんだろうか?」「どうやったら、それを子どもたちの中に育むことができるのだろうか?」「民主的に生きるときに大切にされる資質とは何で、それはどうやって育むことができるのだろうか?」ということを一つひとつ議論し、具体的な方法を考え、カリキュラムを作成し、それを実行してきました。

こうした教育実践を積み重ねていたときに、ユネスコが提唱するＥＳＤに出会ったのです。今、世界には環境破壊、貧困、人権侵害、戦争といったさまざまな解決すべき課題がありますが、ＥＳＤは、これらの課題を自らの問題として捉え、身近なところから取り組む(Think globally, Act locally)ことにより、課題の解決につながる新たな価値観や行動を生み出すこと、そしてそれによって持続可能な社会を創造していくことを目指す学習や活動だとされています。

ＥＳＤの研究者でもある大阪市立大学教授の添田晴雄さんに、「初めからＥＳＤをやろうと思ったわけではなく、どんな教育がいいのか、何度も考えて実践してきた教育がESDそのものだったんです」とお話ししたことがあります。そのときに、添田さんがこうおっしゃいました。「教育の本質を追求すると、そのカタチは自ずとESDになるんですよ。ESDは実践しようと思って取り組むんじゃなくて、『振り返ればESD』というのが本当なんです」。この言葉は、私たちを勇気づけてくれました。

私たちがユネスコスクールに認定された年の九月に、国連サミットで採択されたのがSDGs（持続可能な開発目標）で、国連加盟一九三カ国が二〇一六〜二〇三〇年の一五年間で達成するために掲げた目標です。その後、「SDGs」という言葉をよく聞くようになりました（一一九ページ「SDGsとは」）。

そんなある日、中学部の人たちがSDGsカードゲーム[*5]を体験することになりました。そのとき、ファシリテーターの方から、「子どもたちの気づきが素晴らしかった」と言っていただいたことがきっかけで、スタッフの一人がSDGsのカードゲーム体験会に参加しました。そこで気がついたことは、「ESDとSDGsの目指しているところは同じで、

＊5——SDGsカードゲームとは、SDGsの一七の目標を達成するために、現時点から二〇三〇年までの道のりを体験するゲームで、与えられたお金と時間を使って、プロジェクト活動を行うことで、最終的にゴールを達成するというもの。

ＥＳＤとはＳＤＧｓを目指すための教育なのだ」ということと、「ＳＤＧｓはＥＳＤを包括する考え方なので、ＥＳＤという視点だけでは出会うことのできない人たちとたくさん出会うことができる」ということでした。

現在、私たちはＮＰＯ法人の事業として、持続可能なまちづくり「ミライの森」の活動を行っています。その一環としてＳＤＧｓカードゲームのファシリテーターを派遣したり、持続可能な社会づくりを目指す団体のビジョンづくりをお手伝いしたり、ＳＤＧｓを学校教育に取り入れるポイントなどをお伝えしています。

ＳＤＧｓの一七番目のゴールは、「パートナーシップで目標を達成しよう」です。ＳＤＧｓというゴールに向けて、さまざまな人たちとつながって、自分たちにできることを引き受けながら、ＥＳＤの実践を日々行っています。

コラム5――SDGsとは

第二次世界大戦後、世界は物質的な豊かさを求めて、大量消費・大量生産の経済成長を優先させてきました。その一方で、自然破壊や環境汚染が広がり、南北問題なども深刻化していきました。Sustainable Development（持続可能な開発）という概念は、このままでは、地球が危機的な状況に陥るということを受け、一九八七年に「環境と開発に関する世界委員会」で提唱されたことに始まります。その後、一九九二年にブラジルで開催された地球サミットの「リオ宣言」や、二〇〇〇年の国連ミレニアム・サミットで採択された「ミレニアム開発目標（MDGs）」などの流れを受け、二〇一二年にブラジルのリオデジャネイロで開かれた「持続可能な開発会議（リオ＋二〇）」で、環境・経済・社会の三つを統合したSDGs（Sustainable Development Goals）が採択され、二〇一五年の国連サミットでも採択されました。SDGsは、二〇一六〜二〇三〇年までの一五年間で国際社会が達成すべき行動目標であり、持続可能な世界を実現するための一七のゴールと一六九のターゲットから構成されています。

SDGsとは、この地球を持続可能なものにしていき、さまざまな課題を解決していくために、人類全体で目指していくためのゴールなのです。ＳＤＧｓの基本理念は「誰ひとり取り残さない（No one will be left behind）」ですが、この理念が示すように、この目標は世界のすべての人に共通する「普遍性」が特徴です。その中身は、貧困の解決や飢餓の解決・教育などの社会目標、気候変動・エネルギー・生物多様性など環境目標、雇用・インフラ・生産と消費など経済目標に加え、不平等の解決・ジェンダーの平等・平和などが一六の目標として体系的に整理されています。

最後の一七番目のゴールは、「パートナーシップで目標を達成しよう」です。ＳＤＧｓの一番から一六番目までのゴールは、それぞれが影響し合っていて、一つのゴールを達成するためには、いろんな分野の人が連携しなければ実現しません。このため、ＳＤＧｓでは、パートナーシップの重要性が最後に提示されています。

こどもの森のＥＳＤは、ＳＤＧｓが目指す持続可能な社会の担い手を育てるための教育だと考えています。ＥＳＤは、ＳＤＧｓのためのリテラシーとも言えるものです。

第3章 学び続ける学校

すべての人は、生まれながらに
〝善く生きよう〟とする資質を持っている。
それを発達させるために学び続ける。

——『学び続ける共同体の活動指針』から

私たちの学校づくり

民主的に生きる市民を育む学校をつくる

私たちは、一九九九年に「大阪に新しい学校を創る会」を立ち上げました。「新しい学校づくり」に集まってきた仲間たちの動機はさまざまで、無気力な大学生や高校生を目の当たりにして日本の教育に疑問を持った人、自分の子どもが不登校だった人、自分自身が学校生活の中で疑問を抱いていた人など、いろんな人が集まってきました。そんな仲間たちと一緒に数年後には学校を立ち上げることを目指して、月に一回定例会を開いて、教育内容や教育方法の検討、設立資金の集め方、生徒募集の方法など、いろんなことを話し合い、準備していきました。

「学校をつくろう！」という思いで集まったまではよかったのですが、実際に教育理念を掲げ、具体的な教育方法を決めるのは、簡単なことではありませんでした。まずは、先進事例を検討することになり、サドベリー教育、シュタイナー教育などを検討しました。議論を重ねる中で、サドベリー教育については、「自由すぎる気がする、もっと大人の価値観や考えを伝えてもいいのではないか」という意見があり、シュタイナー教育については、「もっと自由でもいい気がする、大人の価値観や考えを押し付けすぎているのではないか」という意見も出ました。そして他にモデルになる教育方法を探していたときに出会ったのが、フレネ教育でした。子どもたちの興味関心だけでなく、市民性、共同体感覚も重視している点が、私たちの感覚に一番合う気がして、フレネ教育をベースにして教育方法やカリキュラムづくりを進めていくことになりました。

一軒の民家を借り、七人の小学生の子どもたちを迎えて、市民が立ち上げた新しいタイプの学校『わくわく子ども学校』が二〇〇四年四月にスタートしました。「子どもが学びの主人公」というモットーを掲げ、フレネ教育を参考にしながらも自分たちがよいと思った方法を取り入れて、カリキュラムをつくっていきました。

例えば、学校全体のルールや行事を決める全校集会では、民主的に物事を決めていくときのプロセスが重要だと考えたので、多数決で決めるのではなく、誰もが反対しない案で決める「勝負なし法」という方法を取り入れることにしました。また、子どもが自分でやることを決める「プロジェクト」の内容がマンネリ化するという声が上がり、ほどよい選択肢があった方が、学びの質が深まると考えて、スタッフがファシリテーターとなって進めていく音楽、野外活動、キッチンなどの選択プログラムを設けました。

その後、民家の校舎が手狭になってきたので、将来のことを考えて、新校舎を建設することにしました。いろんな敷地を見に行き、ようやく場所を決め、今まで集めたことのない額の寄付金を集め、立ち上げのときの何倍ものエネルギーとマンパワーで、二〇〇九年に新たな場所に校舎を建設することができました。念願の広い校舎を手に入れた喜びは大きいものでした。

そして、自分たちのスペースができたことによる変化が起き始めました。私たちは、市民がつくる新しいタイプの学校の意義を広く理解してもらおうと、さまざまな人や団体とのつながりを求め、いろんなイベントを企画運営するようになりました。そうするうちに、つながりの意味や、つながりから生まれるものは何かと考えるようになり、「学校を学びの共同体に！」という教育理念を掲げるようになりました。そして、「私たちは、何のために市民で学校を立ち上げたのか？」「これからどこへ向かいたいのか？」を、仲間たちと何度も話し合い、自分たちを見つめ続けました。今から考えると、この時期は、私たちのあり方の土台を固めていった時期だったといえるでしょう。

「何のために市民で学校を立ち上げたのか。これからどこへ向かいたいのか」を問い続けた結果、たどりついた答えは、「民主的に生きる市民を育む」というものでした。その答えに確信を得た私たちは、今までの教育実践と私たちの思いを一冊の本にまとめて出版しました。[*6]

開校した当初は、フレネ教育（のちにはイエナプラン教育も）の要素を取り入れて、「何をどうやって学ぶのか」という視点でカリキュラムや教育方法を考えてきましたが、アドラー心理学やS・R・コヴィーの「7つの習慣」なども取り入れ、「自分を見つめ、自分自身と向き合うためにはどうすればいいのか」という視点で考えるようになっていきました。

こうした私たちの教育実践が、ユネスコが推進するESD（持続可能な開発のための教育）のコンセプトに合致することが認められ、二〇一五年にユネスコスクールに認証されました。また、市民による学校づくりへの共感の輪も少しずつ広がってきて、同年に認定NPO法人になりました。

この時期になると、「民主的な市民社会における学校のあり方」を追求するとともに、さまざまなイベントも「持続可能な社会を創るため」に行うようになっていきました。二〇一六年には、文部科学省が支援するESD重点校「サスティナブルスクール」にも選ばれ、その関係で、スタッフが海外で開催された国際会議や海外視察にも参加するようにな

＊6——辻正矩ほか『こんな学校あったらいいな　小さな学校の大きな挑戦』築地書館

りました。

「私たちはこれからどこへ向かいたいのか」を問い続けた結果、今見えてきたのは、未来の学校のイメージです。未来の学校では、小中学生だけでなく、小さい子からお年寄りまで多世代で多様な人が学んでいます。学校の学びと人々の生活が有機的につながっていて、人々が営む暮らしの真ん中に民主的な学校があり、学校はそのプラットフォームになっています。この学校で民主的に生きる市民が育まれ、一人ひとりがそれぞれの場所で民主的な場を創っていくことで、世界全体が少しずつ持続可能な社会に向かっています。そのような未来の社会を目指して、自分たちが今できることをやっていきたいと思っています。

NPO法人による学校運営

箕面こどもの森学園はNPO法人が運営する学校です。最初に私たちが創ろうと考えていたのは私立学校でしたが、そのためには広大な土地や建物と莫大な資金が必要ということがわかり、それは諦めてNPO法人の学校をつくることになりました。NPO法人の学校は正規の学校（学校教育法第一条の学校）とは認められていないので、私立学校のように助成金が支給されず、財政的には厳しいものがあります。

このようなハンディキャップはありますが、国が定めた学習指導要領に従わなければならないといった制約がないので、従来のやり方にとらわれずに教育の方法や内容が自由に決められ、私たちが理想だと思う教育を行うことができます。また、学校の運営組織も公立や私立の学校とは違ったものになります。

〈NPOの組織運営〉

NPO法人は、特定の社会的課題に取り組むことを目的に設立される公益法人ですが、その活動の趣旨に賛同した人たちが会員になり、会員の中から選ばれた人たちが運営に当たります。組織の運営に関わる重要な事項は総会や理事会で審議し、決定します。理事会の下に四つの事業部門と事務局がありますが、日常的な活動を支える組織として運営委員会があります。会員の中から選ばれた運営委員が月に一回集まって、子育て支援、成人教育、まちづくり・学校づくり支援の三つの活動について話し合います。

運営委員会には、こどもの森学園の保護者やスタッフだけでなく、卒業生の保護者の方やICT教育の支援員、NPO職員など市民の方がメンバーになって、対等な立場で民主的に話し合いながら、多岐にわたる事業の企画や運営の仕事を分担しています。その一つに、毎年秋に行うロハス・フェスティバルがあります。四月頃に会員の中からロハスフェスティバルを運営する実行委員を募り、その実行委員が毎月集まって企画を練って準備をします。「ロハスな暮らし」をテーマに開かれ、当日は手作り雑貨や自然食、フェアトレードの産品、産直有機野菜などのお店が出店し、歌手の方のライブや紙芝居、モノ作りのワークショップなどもあり、参加された人たちに楽しんでもらっています。

これらの事業は「学校運営」とは直接関係ないことをやっていると思われるかもしれませんが、実はそうではなくて、私たちは学校が社会とつながる上で、とても重要なことだと考えています。

一方、学校運営については運営委員会ではなく、学園の小・中学部の教育と事務に携わるスタッフが参加するスタッフ会議を中心に運営しています。

〈スタッフ会議〉

学校運営に関する重要なことは、週一回開かれるスタッフ会議で話し合います。その内容は、学校の子どもたちの学習や生活の様子の報告、各学習プログラムや行事の計画、それらの事後評価など、学校運営全般に関わることです。

子どもの様子では、スタッフが見た子どもの気になる行動やよかったところなどを報告し、一人ひとりの子どもたちへのサポートの視点や方法などを確認します。

協議事項では、子どもたちが進めている「夏祭り」でスタッフがどんな協力をすればよいかとか、子どもたちが主体的に企画している修学旅行の計画が、旅行の内容というよりも、費用集めに偏ってしまっているので、修学旅行の企画・準備の中で何を大事に考えるのかといったことを話し合います。

学校内で子ども同士のトラブルが起こった場合、スタッフが子どもたちに状況を聞いて把握している内容が報告され、それについてどう対応したらよいかを話し合います（一一三ページ「トラブル解決は棒人間で」）。校内でのトラブルは目撃者も多いので、状況を把握しやすいのですが、放課後の帰り道で起こったトラブルは把握が難しく保護者からの連絡で知ることが多いです。それが学校のルールに反する場合は、関係した子ども一人ひとりから事情を聞いて、全体像を把握します。学校のルールを守っていなかった場合は、クラス担当スタッフがその子の話を聞いた上で、ルールを守ることの大切さを伝えますが、改善されない場合は、校長が口頭で注意します。それでも改まらない場合は、書面での注意、通学停止へと進みます。問題行動が一過性の場合もありますが、繰り返し続く場合もあるので、子どもや保護者とじっくり話し合って問題を解決しています。問題によっては、クラス集会や全校集会の議題に上げて、みんなで話し合って解決します（四四ページ「みんなで考え支え合うクラス集会」）。学園のスタッフは、このような子どものトラブルを円満かつ民主的に解決するスキルを身につける必要があります。

〈スタッフの仕事〉

一学期が始まる前に、年間の学習プログラムを決めたり、学校外から来てもらう講師を手配したりします。また、必要なテキストブックやその他の教材・教具を取り揃えたり、足りない机や椅子、パソコンなどの備品を購入したりします。

学期が始まると、常勤スタッフと非常勤スタッフ、それに講師やインターンも加え、二〇人くらいの人数で、小学部と中学部を合わせ約六〇人の子どもたちの学習をみています。といっても常時二〇人いるわけではなく、一日平均八～一〇人のスタッフがいます。午前中の基礎学習（ことば・かず）の時間には、一クラスに二～三人のスタッフが入っています。午後のプロジェクトの時間には、学習室のほかに、音楽室、木工室やホール、キッチン、多目的室、校庭など各所にスタッフが配置され、子ども一人ひとり違うプロジェクトのサポートをします。

それだけでなく、スタッフは昼休みには子どもたちと一緒に遊んだり、話を聞いたり、相談に乗ったりします。一日の学習時間が終わるのは、小学部は午後三時、中学部は午後四時。すぐに帰る子もいますが、残って校内や隣の公園で遊んでいる子もいます。スタッフが子どもたちの学習の記録をつけたり、次の日の準備をしたりするのは三時半以降になります。また、この時間には保護者へ電話やメールで連絡したり、学校への問い合わせに返事を書いたりします。

一学期に一回、保護者との懇談を行い、子どもたちの学校での様子をお伝えしたり、ご家庭での様子をお聞きしたりします。そして、学校と家庭が一緒にどうお子さんの成長をサポートしていくのかを話し合います。また、一学期に一～二回、「おとなの会」という保護者とスタッフが意見交換したり、テーマを決めて学習したりする会があります。

学期末になると、クラスの一人ひとりの子どもに「学期のコメント」を書きます。これは一般の学校の通知表に当たるものですが、数字による評価ではなくて、その学期の子どもの学習や生活の様子を文章で書きます。このコメントは、クラス担当のスタッフだけではなく、子どもたちに関わったスタッフ全員で書きます。こうすることで、子どもたちは、多様な視点からのコメントをもらうことができます。一つの学期が終わる一週間前頃に、クラス担当スタッフが一人ひとりにコメントを読んで伝え、その後でその子の「学期の振り返り」を聞くようにしています。

〈スタッフの関係性〉

この学校のよさの一つにスタッフ間の関係性がよいことが挙げられるでしょう。私たちは学校をつくるときに、市民の手による民主的な学校づくりを目指していたので、メンバー同士の対等でフラットな関係性を大事にしてきました。年齢や職階に関係なく一人ひとりの意見が尊重されるという文化があるので、新しく入った人でも臆することなく自分の意見を言うことができます。働く人にとっては、風通しのよい職場だと言えるでしょう。
スタッフの年齢構成や経歴も多彩です。二〇歳代の人から七〇歳代までの人が一緒に子どもたちの学習をサポートしているので、子どもたちはお兄さん、お姉さんからおじいさん、おばあさんに当たる年代の人たちと常に接しています。このことは他の学校では見られない特筆すべきことだと思います。スタッフの経歴は多彩で、小中学校の教員だった人だけでなく、大学や高校で教えていた人、企業の社員や研究員だった人、塾の講師だった人、写真家、幼稚園の教員、幼児や子どもに英語を教えていた人など、いろんな経験の持ち主が集まっています。

〈スタッフの研修〉

月に一回、スタッフの研修を行っています。研修の内容は、「哲学」「教育法」「トピック」「学期の振り返り」などです。「哲学」というのは、これは子どもたちの学習でも行っていますが、私たちが大切だと思っていることを一つ取り上げて、「それはなぜか?」と問い、考えるものです。「教育法」というのは、フレネ教育やイエナプラン教育など有名なもののほかに、ＥＳＤや、海外のあまり知られていない教育法についても学習します。「トピック」は、脳科学から見た最適な学習法やＨＳＣ（Highly Sensitive Child 感受性が非常に高い子ども）など今ホットな話題について学びます。「学期の振り返り」は、各学期の終わった後に、その学期の出来事や達成課題について振り返ります。自分たちのやってきたことを評価し、改善すべき点を明らかにします。

以上のそれぞれのテーマについて担当者を決めて、その人が企画し、ファシリテーターとなって進行役を務めます。テーマによりますが、ディスカッションやワークショップ形式で実際にワークをやってみることもあります。


〈スタッフの採用〉

「この学校のスタッフになるにはどうしたらいいですか?」「どんな基準でスタッフを決めていますか?」とよく聞かれますが、この学校のスタッフとして望ましいのは、まず、子どもたちを一人の人間として尊重できる人。そして、場面に応じて柔軟な対応のできる人、子どもの話をよく聴ける人、子どものよさを引き出せる人、といったところでしょうか。

教育スタッフになるには、概ね次のような過程があります。スタッフを希望する人にはまずインターンとして週に一回、丸一日子どもたちの学習のサポートに入ってもらいます。

スタッフ研修会

新たに教育スタッフが必要になった場合は、半年以上インターンの経験を積んだ人の中から、この学校のスタッフにふさわしいと思う人を非常勤スタッフまたは専任スタッフに採用します。非常勤スタッフは週に一～二日、専任スタッフは三日以上学校に来てもらいます。そして、常勤スタッフを採用する場合は、専任スタッフの中から適任者を採用します。

スタッフの給与は、他の職業の人と比べるとまだ安いのが実情ですが、それでもいいからここで働きたいという人が来てくれています。最近スタッフになった若い人が、こんなことを言ってくれました。「自分が本当に興味のあることを仕事にできているような気がします。日常と仕事のときとでスタッフの態度にあまり差がないなど、無理なく自然に働けているのが幸せだなぁと思っています」

このような人たちがスタッフとしてきてくれるのは、この学校には、自分のやりたいことを実現しながら、自分が共感できるビジョンを仲間と一緒に実現していける喜びや、未来を創っているという実感があるからでしょう。

大人も学んでいる学校

子どもたちは、学校で教えられたことだけを学ぶわけではありません。箕面こどもの森学園では、学習時間ばかりでなく、友だちと遊んだり、スタッフと会話したりする、ふだんの生活から学ぶことを大切にしています。ですから、学校という学びの場のあり方や、学習環境が学びの質に大きく影響します。

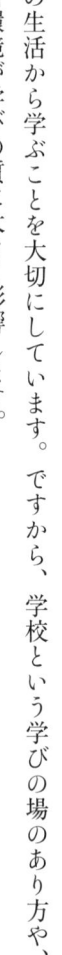

私たちが学習環境で最も重要だと考えているものは、「人」です。つまり、スタッフの質の高さを維持することです。学校における「学びの主人公」は子どもたちですが、そこに関わる大人たちも、子どもたちに負けないくらい学んでいるのです。例えば、カリキュラムの中に「テーマ学習」というのがあります。一学期に一つのテーマを設定して、それに沿って子どもたちがそれぞれ自分のテーマを考えて探究的に学びます。学期ごとのテーマはスタッフが設定しますが、学習をどのように進めるかについては、学期が始まる前に担当スタッフが集まって何度もミーティングを開いて、テーマの内容を深めています。スタッフ間で対話を重ねたり、個人的にテーマに関連する本を読んだり、映画を観たり、関連するイベントに参加したりします。面白い情報があれば積極的にスタッフ間で共有し、楽しみながら学んでいきます。それは、実際の学習が始まってからも続きます。

大人も学ぶ

スタッフの研修会も毎月行っています。その時々に大切だろうと思えるトピックを取り上げ、担当者が話題提

図2　ハッピースクールの概念枠組

知ることを学ぶ	共に生きることを学ぶ	為すことを学ぶ
 Head AWARENESS（気づき） 頭で理解する 知識として習得する	 Heart CARE（思いやり） 心で感じて配慮する	 Hands ENGAGEMENT（関与） 頭と心で分かったことを 実践し経験から体得する

供をしたり、ワークショップをしたりします。二〇一九年に、バンコク・ユネスコの「ハッピースクール[*7]・プロジェクト」のパイロット校の一つに選ばれ、スタッフがその研修会に参加しました。それに参加したスタッフが、学園のスタッフ研修会でその内容を共有しました。

ハッピースクールで大切にしている観点をもとにしたアセスメント（評価）について学びましたが、その観点に基づいて、子どもたちに対する「振り返り」を行うようになりました。他にも、定期的に目標や計画を立てたり、スタッフ自身の振り返りをしたりと、子どもたちがふだんの学習計画で取り組んでいるようなことをスタッフも同じようにやっています。

この学校はNPO法人によって運営されているので、スタッフのほとんどはNPOの運営委員としても活動しています。NPO活動として、持続可能な未来のための「学校を中心としたまちづくり」を考え始めてからは、積極的にまちづくりの先進地の視察に出かけています。二〇一七年には神奈川県相模原市にあるシュタイナー学園を見学に行きましたが、その地域のまちづくりのキーマンとなった人にもお会いし、まちづくりに関する貴重なお話を聞くことができました。二〇一八年には徳島県の上勝町と神山町を訪問しました。日本で初めてゼロ・ウェイスト宣言[*8]をし、独自のまちづくりを進めてきた上勝町の取り組みや、IT企業を誘致したり、高校を魅力化したり、子育て世代のための宅地開発をしている神山町のまちづくりを学びました。

生徒の保護者も学んでいます。子どもの入学の際に必ず「保護者の方も一緒に入学するくらいの気持ちで」というお話をしています。日々子どもたちが自分に向き合って学ぶのをサポートしてもらい、週末には学習計画のファイルを見て、その週の学びの様子を確認して子どもへコメントしてもらいます。何か問題を感じたらスタッフと話し合い、保護者

*7――ユネスコのバンコク事務所による教育プロジェクト。生徒や教師が学校生活で幸福感を覚え、満足することが生徒の発達によい影響を与えるという点に着目し、アジア・太平洋地域における各国の事例を通じて、指標の構築および分析フレームワークの構築を目指している。

*8――ゼロ・ウェイストとは、無駄・ゴミ・浪費をなくすという意味。ゴミをどう処理するかではなく、ゴミ自体を出さない社会を目指すこと。

にも自分に向き合ってもらっています。中には、学園の活動である「子育てカフェ[*9]」に参加して、ご自身が学びを重ねている人もいます。

学校や家庭で大人が子どもに無理やり学ばせようとする必要はありません。関わる大人自身が学ぶ姿を自然に見せていれば、自ずと子どもは学んでいくものです。子どもは大人の学ぶ姿から学び、その子どもの学ぶ姿から大人が学ばされる、そんな風にして共に成長できるといいなと思います。

学校を社会に開く

ビジョンミーティングから生まれた四つの森

私たちは「民主的な市民を育む学校をつくりたい」という思いのもとに、学校を立ち上げ運営してきたのですが、中学部ができ、生徒数も五〇名近くなった頃、「自分たちは、一体何のためにどこへ向かいたいのか。今一度、立ち止まって考えてみよう」ということになりました。ちょうどその頃、国連のユネスコからユネスコスクールとして認められ、認定NPO法人にもなって、一つの節目を迎えていました。

「これからのビジョンを考えるために合宿をしよう」ということになり、兵庫県六甲の山荘で一泊二日の合宿を行いました。その合宿では、自分たちが大切にしている価値観、学校の具体的なカリキュラム、NPO法人としての諸活動、他団体との関係、目指している未来について、現時点で考えていることや取り組んでいることを、一つひとつ付箋に書いて自分たちの活動を構成している要素として抽出していきました。一つひとつの要素についてみんなで確認した後、それらの要素を分類したり、整理したりしました。そうすると大切にしている価値観が根っこにあって、学校という一本の幹があり、その枝が未来に向かって伸びているという絵が出来上がりました。NPO法人としての諸活動は、その木から種として飛んでいくものもあれば、鳥がくわえて持ってくるものもあり、他団体とも根っこでつながっているというイメージです（図3）。このビジョン図ができたおかげで、何のために・何を目指して学校運営をしているのかが、とてもよくわかるようになりました。

目指すものとして、「越境」「共同体感覚」「宇宙民」という言葉は出てきたものの、具体的に何を目指していくのか、はっきりとはわからないままでした。そこで、私たちが目指す未来をもっと具体的に示していこうということになりました。前述の合宿は、学校ス

＊9――箕面こどもの森学園の子育て支援事業として、月一回ママパパ向けに「自己肯定感の大切さ」を伝える学びの場を開いている。

図3　NPO法人活動の将来ビジョン

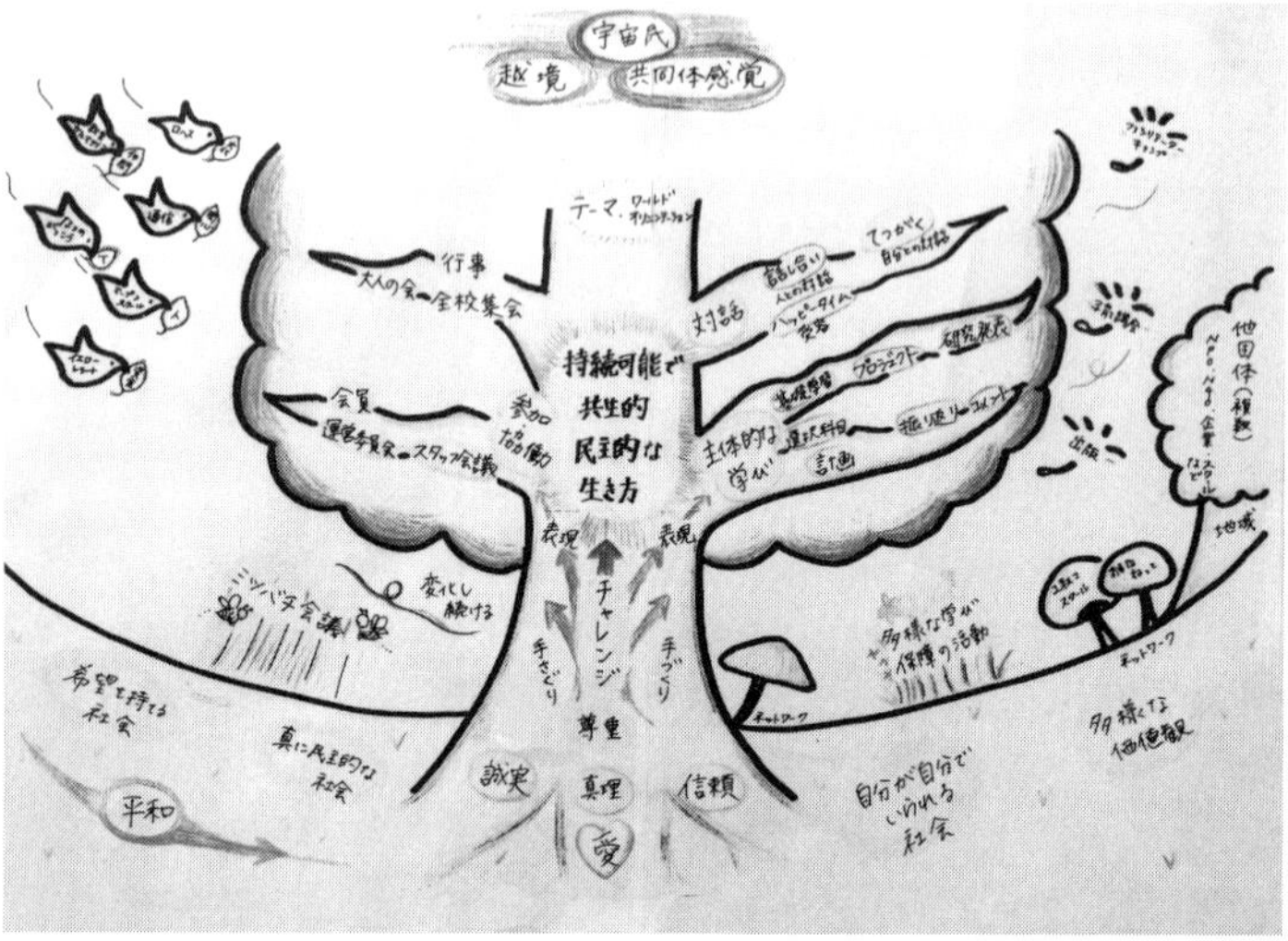

タッフのみで行ったのですが、一般市民や保護者も加わっている運営委員会のメンバーにも声をかけて、一緒に合宿をすることにしました。そのときからこの集まりをビジョンミーティングと名づけましたが、一人ひとりがどんな未来を望んでいるのか、なぜこの団体に関わっているのか、その思いを言語化し、分類して、みんなに共通する言葉を選び文章にしていきました。その結果、「ちがいを認め合い、人も自分も尊重しつつ、対話し、学び続けていく共同体の実現」というフレーズが、私たちの望む未来を示す言葉として立ち現れてきました。

目指す方向がわかり、望む未来は言語化できても、具体的にどう進んでいけばいいのかは、なかなか見えてはきませんでした。そこで、NVCのカードやエニアグラム、瞑想などを使った「自分を見つめる会」や「自分たちを見つめる会」を開きました。

その頃から学園には、年長児の保護者からの問い合わせが増え始め、一年生の定員の二倍ぐらいの入学希望者が集まるようになり、二年生以上でも一〇名以上の欠員待ちのある学年も出てきました。また、「箕面こどもの森学園のような学校をつくりたい」「どうやって学校を立ち上げて運営しているのか話を聞かせてほしい」という人が、全国から見学に来るようになりました。こうした動きもあって、自分たちが今まで培ってきたノウハウを、広く伝えていくための講座「学び場コーディネーター Manabee プログラム」を始めました（一四六ページ「学びのプラットフォームづくり」）。

こうして、半日や泊まりがけで、何回もビジョンミーティングを重ねていくうちに、参加している一人ひとりにいろんな気づきや学びが出てきて、「こんな対話の場がある〝おとなの学校〟を創りたいよね〜」という声が出てきました。「こどもの森のおとなの学校、おとなの森があったらいいよな〜」という話も出て、「おとなの学びの場、おとなの森」という言葉が使われるようになってきました。次第に学校づくりはビジョンの一つであって、学校を拠点として持続可能な社会を創っていきたいという思いがふくらんでいきまし

図4　3つの森イメージ図

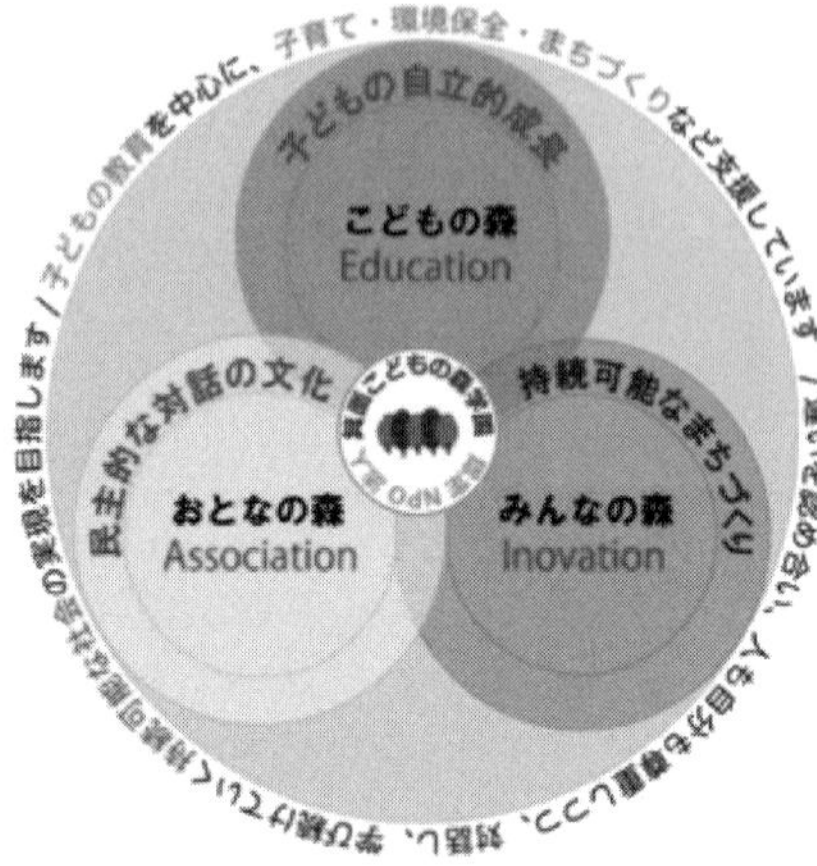

た。

今の校舎ではスペースに限界があるため、入学を希望する人たちを受け入れることができないという現状に直面した私たちは、もう一つ学校をつくることを考え始めました。先進的なまちづくりをしている神奈川県の藤野町（現・相模原市緑区）や徳島県の神山町などにも視察に出かけて、ＥＳＤの学校が中心となるＳＤＧｓのまちをつくりたいと思うようになり、まちづくりの一環として学校を設立することを模索し始めました。箕面市からほど近い自然豊かな里山地域の行政や地元の人たちに、私たちの思いを少しずつ伝えています。そのときに作成した説明資料の中に、私たちの組織のイメージを表した図を載せました（図４）。今までの「こどもの森」に加え、大人も学

図5　4つの森のイメージ図

びたいということから「おとなの森」という言葉が登場し、学校づくりをベースとして持続可能な未来を創っていきたいという思いから「みんなの森」という言葉が出てきて、三つの森になりました。

しばらくはこの図を使っていたのですが、次第に「みんなの森」という言葉がわかりにくいし、「こどもの森」の中に学校運営事業と子育て支援事業の二つが入っているよりも、学校運営事業をしっかり独立させて考えようということになり、学校運営事業の「こどもの森」、子育て支援事業の「こそだての森」、成人向け事業を行う「おとなの森」、持続可能なまちづくり支援を行う「ミライの森」の四つの森の事業を行うことが決まりました（図5）。

これに合わせて、ホームページもリ

ニューアルし、組織図も作り直し、それぞれの事業の担当を決め、これらの事業を進めています。さらに、以前から構想していた学校づくりを応援する事業を、こどもの森のような考えで学びの場をつくりたいという団体や個人のために、学校づくりやクラスづくりを応援する「サスまな（サステイナブルな学びプラットフォーム）」として事業化することになりました。

そして、二〇一九年のNPO法人の総会で、法人名を四つの森を包含する「コクレオの森」と変えることを決めました。そして一一月にNPO法人コクレオの森に変わりました。「コクレオ」とは、英語のCO（共に）とエスペラント語のKREO（創る）の造語で「共創」という意味です。これからは、同じ思いを持つ人たちと共に、持続可能な未来を創っていきたいと思います。

開かれた学校運営

箕面こどもの森学園はNPO法人が運営する学校なので、そこにはたくさんの人たちからの支援や協力があり、それなしでは運営することはできません。そして、会の理念に賛同した人にはNPO法人の会員（もりもりサポーターと呼ぶ）になっていただいて、一緒に学校づくりをしています。入会時にその人の得意なことや関心のあることをお聞きし、必要に応じて会の仕事のお手伝いをお願いしています。例えば、お仕事の専門的知識や特技を生かして子どもたちの学習の講師に来てもらったり、子育て講座のスタッフ、通信発送作業のお手伝い、会員イベントのときの料理づくりのお手伝い、校内のお掃除などなど、支援の仕方はいろいろです。会員自身がイベントの企画もできます。会員さんが企画したイベントは「もりラボ企画」と呼ばれ、こどもの森でやってみたいイベントを提案、実行することができます。これまでに「ドキュメンタリー映画上映会」や「ヒモトレ体験会」といったイベントが実施されました。もりラボ企画で、会員さんのやってみたいことが実現できたり、そのイベントによってこどもの森の存在を知る人が増えたりするなど、よい効果が得られています。

また、NPOの組織運営そのものに関心のある人は運営委員になり、組織の中心メンバーとして役割を担うことができます。運営委員には学校スタッフだけでなく、保護者や、一般の方もなることができます。まさに、市民が創る学校なのです。運営委員会では、箕面こどもの森学園の四つの森の事業（こどもの森、おとなの森、こそだての森、ミライの森）について、各個人が関心のある分野を担当し、月一回のミーティングで話し合って、全員一致で物事を決定していきます。

運営委員のKさんからのメッセージをご紹介します。

「箕面こどもの森学園は大人も子どもも対等で、自分と仲間を共に大切に粘り強い対話をもって望ましいあり方に着地しようとする風土があり、いつも居心地のよい空間にくつろぐことができるように感じています。そして、スタッフをはじめこの学園の仲間たちが本質的なことから目を逸らさず、根気よく対話と工夫を重ねながら共に創っていこうという姿を目の当たりにし、とても心を動かされます。箕面こどもの森学園は単に子どもたちにオルタナティブな教育の場を提供しているのではなく、新しいミライのビジョンを描き、それを自分たちで創り出そうとしている場であるように感じていますが、そのあり方や姿勢に共感する私は、これからも形は変われどもずっと応援し続けていきたいと考えています」

箕面こどもの森学園を支えてくれるのは会員さんだけではありません。地域の市民活動団体や、企業、財団など、さまざまな立場の個人や団体からの共感と応援を得て、共に創り続けています。大人たちがこうしてたくさんの人々の力を集めながら学校を創っていく姿を通して、共に創ることの素晴らしさが子どもたちに伝わっていけばいいなと思います。

学びのプラットフォームづくり

ここ数年、「箕面こどもの森学園の教育の実際を見たい」と全国から見学に来られる方が増えています。その数は年間約二六〇人。そのうち、入学検討の方が約一八〇人なので、純粋に教育現場や教育方法が見たいという方は約八〇人でしょう。

図6 Manabeeプログラム

学び場コーディネーター
“Manabee《まなびー》プログラム”
Manabeeプログラムは
自己肯定感、自己決定、対話、ESDの4つを
実現する学びのコーディネーターを増やします。
ミツバチは
グループの中で
民主的な方法で
意思決定をする
シンボルです。

こうした方たちから「箕面こどもの森学園の教育について具体的に知りたい」「自分も箕面こどもの森学園のような学びの場をつくりたい」という声をたくさんいただくようになりました。民主的な市民を育む学校づくりから始まった私たちの活動ですが、ビジョンの具体的な展開を考えていく時期でもあり、私たちが望む社会を創っていくためのアクションと、私たちの教育に関心を持ってくださる方たちのサポートを合わせた取り組みをやっていくことにしました。

初めにスタートさせたのは「学び場コーディネーターManabeeプログラム」。子どもが意欲的に学習に取り組み、主体性をもって自分の意志で学習を選択し、対話の中で能動的に活動しながら学び、その成果

を活用して社会に貢献していくことにつながるような学習の場。そんな場をつくっていきたいという個人向けのプログラムです。

「Manabee《まなびー》」とは、「学ぶ」と「ミツバチ（bee）」を組み合わせた造語です。ミツバチには、いくつかの特別な性質があります。一つ目は、花から花への受粉の媒介者となることです。二つ目は、新しい女王バチが生まれて巣が分かれる（分蜂する）ときに、次の巣の場所を全員の意見が一致するまで確認する合議制で決めること（ミツバチはダンスのような動きで蜜源など特定の場所を仲間に伝えることができます）。三つ目はニホンミツバチの特徴ですが、スズメバチに襲われたときに、大群でスズメバチを取り囲み、羽を動かして自ら熱を発して、スズメバチをやっつけてしまうことです。

これらのことから、ミツバチを民主的に生きるスタイルのシンボルと考えました。「人から人に思いを伝えたり、人と人をつなげたりする」「多数決ではなく、みんなが納得できるまで対話する」「小さな力でも、集まって力を合わせれば大きなものを変えていくことができる」というイメージを重ねて。Manabeeプログラムでは、箕面こどもの森学園の教育の大きな要素である、自己肯定感、自己決定、対話、ＥＳＤについての学びを深めてから、実際に学園の子どもたちに、その四つの要素を取り入れた共育プログラムを実施するというものです。

今年で三期目となるこのプログラム。過去の参加者の方からは、「意見交換や交流が深まるにつれて、対話の中身が濃くなっていき、充実した時間だった」「教育に携わる人々がこのようなことを知っていれば、より教育はよくなるのではと思う」「自分が本当に大切にしたいものに気づくことができ、人生が変わった」などの声をいただいています。

そんなManabeeプログラムに加えて、今年からスタートしたのが「サスまな（サステイナブルな学びプラットフォーム）」です。サスまなには、個人でも団体でも登録することができ、それぞれのニーズと要望に合わせたサポートが受けられます。サスまなでできることは、電話相談、教材や資料などのリソースの提供、スタッフ体験、講師依頼などです。現在は、箕面こどもの森学園のようなオルタナティブスクールを創りたいという方、公立学校・私立学校の教師の方、オルタナティブ教育に関心のある方など、いろんな立場の方が登録されています。日本のＥＳＤを牽引しているＡＣＣＵ（ユネスコ・アジア文化センター）の篠田真穂さん、聖心女子大学教授の永田佳之さん、公立学校校長の住田昌治さんにも、アドバイザーとして関わっていただいています。

教育とは、学校とは、本来どうあるものなのか？　その答えは、長年の先人たちの実践や研究において、すでに見えてきています。同じ年齢の子どもたちを集めて、将来必要だとされている知識を詰め込み、テストで競争させ、評価するような教育ではなく、自分は自分でいいのだという自己肯定感が土台として育まれ、自分で自分の学びを決定できて、対話と体験を通して学ぶことができ、自分が他者ともつながっていることを感じられるような学びが本来のあり方だと考えます。そして、そのような学びこそが、持続可能な社会で求められる教育だと信じています。

生涯学習のための学びの場

生涯学習社会

日本人の平均寿命（二〇一七年時点）は女性が八七歳、男性が八一歳ですが、九〇歳を超える人も稀ではなくなりました。一方、ふつうの人が仕事を辞める年齢いわゆる定年は六〇～六五歳なので、二〇年以上の余生があるようになりました。その長い期間をいかにして健康で充実して生きるかが重要な課題になっています。

そのような長寿命化を背景に、近年「生涯学習社会」という言葉が使われるようになりました。生涯学習社会とは、「人々が、生涯のいつでも、自由に学習機会を選択して学ぶことができ、その成果が適切に評価される」ような社会であるとされています。[*10] 二〇〇六年に改正された教育基本法も、「国民一人一人が、自己の人格を磨き、豊かな人生を送ることができるよう、その生涯にわたって、あらゆる機会に、あらゆる場所において学習することができ、その成果を適切に生かすことのできる社会の実現が図られなければならない」と書かれ、国が生涯学習社会の実現に努めることとされました。

文部科学省によれば、「『生涯学習』とは、一般には人々が生涯に行うあらゆる学習、すなわち、学校教育、家庭教育、社会教育、文化活動、スポーツ活動、レクリエーション活動、ボランティア活動、企業内教育、趣味などさまざまな場や機会において行う学習の意味で用いられる」としています。このように生涯学習は、学校教育段階だけで終わるものではなく、生涯を通じて学ぶ活動であり、さまざまな学習の場や機会を利用して自己成長や自己実現を目指すものとされています。

したがって、これらの教育（あるいは学習）の場は、必ずしも学校という形態をとらなくとも実現可能だということです。義務教育の期間に学校教育以外にも学びの場の選択肢があってもいいと思います。現にフリースクールやオルタナティブスクール、ホームスクーリングで学んでいる子もいます。これらの子どもたちは学校教育とは異なる独自のカリキュラムや方法で学んでいますが、個人の資質の向上や自立する力を育んでいることに

＊10——一九九二（平成四）年文部科学省生涯学習審議会答申

は変わりがありません。

学校を卒業してからも学習を続けることが奨励されています。新しい知識や技能の習得は、企業の生産性の向上に寄与するので、産業界からは歓迎されるでしょう。熾烈《しれつ》な競争が行われている資本主義の市場で企業が生き残るためには有能な人材の確保が何よりも重要だからです。今の仕事を行うのに必要な知識や技能を高めるため、新しい仕事をやるために学習するのはいいことですが、強制ではなく、あくまで個人の自発性に基づいてなされるべきものだと思います。そして、学び直しをしたいと思った人がいつでも安価に学べるように、国が支援する体制を整える必要があります。

カルチャーセンターでの文化的な教室や大学の市民向け講座などは、受講したからといって特別な資格がもらえるわけでもないのに、そこで学ぶことはとても楽しいという話はよく聞きます。自分の趣味の範囲を広げることや新しい知識に触れることに喜びを感じて主体的に学んでいるのです。このような形で余暇を充実して過ごすことはいいことですが、そこで学んだことをふだんの生活に反映させることが大切です。例えば、手芸を学んで自分が作った作品を発表してみると、それを人がほめてくれたり、買ってくれたりします。そのことによって、自己肯定感が高まったり、人とのコミュニケーション力が高まったりします。そのような能動的な学習態度が生涯学習には求められているのだと思います。

どのような学習においても、よく学ぶには、学び心（探究心、好奇心）、遊び心（楽しみ、想像力)、必要性(意義)の三つの要素が必要です。そのためには、物事へ興味関心を持つこと、それを楽しくやれる方法を見つけること、やることの必要性がわかることが大切です。前の二つの要素は内発的動機づけなので、これらが刺激される環境があれば自ずと学ぶようになります。ですから、そのための環境づくりが重要です。日本では、将来必要な知識や技術の習得が学校教育の主要な目標になっていますが、何のためにやらないといけないのかを子どもたちにキチンと理解させていないことが問題です。テストに出るから勉強しなければならないというのではダメです。学ぶことの楽しさや必要性がわかっていれば、子どもたちは進んで学習します。この三つの要素のどれかがあれば、知識や技術の習得は楽しく、容易なものになります。

生涯学習社会を実現するためには、従来の教育とは逆の発想で、まずは「学び心」や「遊び心」を育てるところから始めるといいでしょう。年齢が進むにつれて、子どもたちは自分にとって何が必要かを考えるようになります。

生涯学習の場もいろいろ

幸福な人生をおくるためには、次の三つの体験を持つことが大切と言われています。それは「働くこと」「遊ぶこと」、そして「語らうこと」です。なぜなら、それが人間の「生きがい」を生みだす源泉だからです。働くことは、自分の持っている生産的な能力を発揮することですが、それによって自分の生活に必要な糧を得るばかりでなく、社会に対する貢献の手段にもなります。しかし、働き過ぎて、遊ぶことや語らうことを疎かにすると、心身の健康を損ねてしまいます。これらのバランスをとることが、心身の健康を維持する上でとても大切なことです。

「働くこと」や「遊ぶこと」「語らうこと」には、健康を増進するだけでなく人間の精神的な成長を促す作用があります。働いたり、遊んだり、語らったりすることによって人生の意味と目標を見つけ、それを実現する方法を身につけようとすること、それが人間の学びの本質なのです。そして、このような本質的で深い学びを促進する教育機関が必要ですが、それは、これまで私たちが経験してきた〝学校〟とは随分、違ったものになるでしょう。

一九世紀半ば、デンマークでは、神学者で教育者のN・F・S・グルントヴィの提唱によって、農村の若者たちが農閑期に教養を身につけるための学校、フォルケホイスコーレがつくられました。ちょうどその頃、デンマークでは義務教育制度が始まり、国家に必要な人材を育成しようとしていました。そこではドイツ語での教育がなされていましたが、グルントヴィはこのやり方に反対して、デンマーク語で教育を受けることを主張し、テストもなく、卒業資格も与えない民衆の教養を高めるための学びの場をつくったのです。

現在のフォルケホイスコーレは、原則として全寮制で、一七歳半以上の年齢の人であれば誰でも入学できます。入学試験はありませんが、卒業しても大卒などの資格は与えられません。修業期間は一週間から最長八カ月とまちまち。学費や生活費に対して国からの補助金が最高七五％ほど出ます。学ぶ内容は学校によって違い、教養を主とするもの、体育系や美術、演劇などの芸術系科目、家政や看護、語学、ジャーナリズムなど多様なカリキュラムがあります。授業では学生の自発性が求められ、講義形式の授業でも質疑応答や議論が促されます。生徒は若者だけでなく、年金生活の老人や企業で働いていて休暇をもらって来る人などさまざまです。誰もが気軽に学べるという点ではカルチャーセンターと似ていますが、対話を重んじる、民主的なライフスタイルを学ぶという特徴があります。

スウェーデンでは、「サタデーサークル」と呼ばれる生涯学習の取り組みが全国的に展開されています。バンドをやりたい、読書会をしよう、絵を描こう、ダンスをやろう。そういうことをやりたい人たちが集まってつくられたサークル活動で、誰でも気軽に参加し、余暇を楽しむことができます。全国に一〇ある中間団体に登録すると、その中間団体が持っている場所や道具を無料で使うことができます。また、「読書会をするので、コピーがしたい」とか、「国際政治の勉強をするので、講師を呼びたい」とかいうときに、その費用を出してもらうこともできます。サタデーサークルには全国で一〇〇万人が参加していて、その人数はどんどん増えているといいます。

一九世紀半ばに北欧で始まった民衆のための教育は、今日では世界中に広がっており、市民による民主的な社会改革を推進する活動の重要な基盤となっています。最近日本でも、各地で民主的な市民を育む生涯学習の場づくりが行われています。箕面こどもの森学園でも、生涯学習を大切な要素に位置づけ、幼児教育の「親と子の土曜クラス『そら』」や、大人の学び場である「教育カフェ・マラソン」「Manabeeプログラム」「もりラボ」などに取り組んでいます。

幼児期から始まる生涯学習　―親と子の土曜クラス「そら」―

赤ちゃんがこの世に生を受けた瞬間から、生涯をかけた学びが始まります。しかし、現在の幼児を取り巻く環境は、狭い空間での長時間保育、大規模で目の行き届かない幼稚園、子どもの心や体の健やかな発達にはふさわしくないと思われるものが少なくありません。また、幼児期から、音楽や運動などの潜在能力を開発するのがよいことだと広く信じられていますが、最近では早くから偏った能力を開発することによる弊害が見られることも知られてきています。本来、自然の存在である人間にとって、「感覚機能（五感）や脳の原始的な機能（脳幹・大脳辺縁系）から段階的に鍛えること」「真・善・美に触れ、センス・オブ・ワンダーに出合うこと」が幼児期には大切で、子どもを「しつけ」「枠にはめる」

のではなく、「無条件の受容」と「自由を味わい自律を促すこと」が大切なのではないでしょうか。

そのような思いから、私たちは二〇一六年に「親と子の土曜クラス『そら』」をスタートさせました。隔週の土曜日の朝からお昼過ぎまで、対象は三~五歳の子どもとその親です。親子参加ですが、活動自体は親子が別々の場所でそれぞれ過ごす時間と、親子一緒に過ごす時間があります。

子どもたちは、保育室で遊びにとことんこだわった「こどもの時間」を過ごします。保育室には自然素材のおもちゃや木の実、道具が並べられ、子どもたちは思い思いにイメージを膨らませながら遊びに没頭します。どんぐりのごはんでままごとをする人、魔法のほうきにまたがって魔女ごっこをする人などいろいろです。

親と子の土曜クラス「そら」

保育室には子どもたちが簡単に動かせるシンプルな家具があり、家具を移動して風呂や釣り堀が作られたり、大掛かりなレストランが作られて、そこで昼食をいただいたりしたこともありました。ある日は「家」が作られました。大きな丸机の周りに壁を作り、出入り口、台所と作業場ができました。作業場では、大きな人たちが針仕事を、小さな人はヒモ作りをしています。作業が終わると、キッチンからスパゲティやお餅が運び込まれました。お餅の中には、アイスクリームやあんこ、毒きのこも入っていて大騒ぎ。周りの大人がやっていることを真似してみたいという欲求が、子どものファンタジーの力で必要なものに見立てられ、遊びの中で実現していきます。

また、アトリエ活動もあって、にじみ絵や裁縫、織物、木工などのモノ作りを楽しみます。お昼ごはんにみんなでいただくお味噌汁のお野菜を切る仕事や、お団子などその日のおやつ作りの仕事も楽しんでやります。仕事の結果ではなく〝過程を楽しむ＝遊ぶ〟ということ、これは〝暮らしを豊かにする〟ことにつながると考えています。

お天気のよい日には、子どもたちは近くの林がある公園に出かけ、体全体を使ってダイナミックな遊びを楽しみます。木登りする人、崖によじ登る人、ロープのブランコに乗る人、虫を見つけて観察する人、公園で見つけたきれいな花や木の実などを拾って宝箱に入れて持ち帰る人。雨上がりの日には水たまりに入ったり、泥んこ遊びをしたりします。冬場はロケットストーブをたいて焼きリンゴを作ったり、たき火で棒パン作りをしたりしました。

一方、親たちは、別室で〝私〟になれる「おとなの時間」を過ごします。ふだんは○○

自然豊かな里山に建つ黒川公民館

ちゃんのママ、パパと呼ばれる親たちも、ここでは「私自身」を取り戻す貴重な時間です。月一回開かれる「子育てカフェ」で、子どもの自己肯定感を育む子育てについて学び、もう一回はこどもの森スタッフによる「モノ作りプロジェクト」で、手芸や工作に没頭します。お昼前には子どもたちが切ったお野菜でお味噌汁作りをします。お味噌汁を作りながらおしゃべりする時間も、ママパパたちにとってほっこり自由な気持ちになれる時間です。

そして最後に、親子一緒に「おやこの時間」を過ごします。みんなで作ったお味噌汁をいただいた後は、ゆったりと物語りを聞きます。子どもはファンタジーの世界に入り、大人は人生に響くような時間。そして「終わりの会」は親子のあったかい時間です。

「そら」が四年目に入った二〇一九年、念願の自然が豊かな里山での活動を始めました。拠点となる兵庫県川西市の黒川公民館は、元は小学校だった建物で、昔ながらの木造建築のノスタルジックな校舎や、使い込まれた机や椅子がそのままになっていて、とても心地よい空間です。

子どもたちは里山の自然の中で、木の実や葉っぱなど周りにあるものを使ってイメージを広げたり、色の世界

木造の廃校舎で行う土曜クラス「そら」の活動

で遊んだりと「森のアトリエ」を楽しみます。田んぼやあぜ道、山や川へお散歩に出かけたり、たき火をしてお味噌汁やおやつ作りなどもします。大人たちは「暮らしのアトリエ」でゆったりとものづくりをしながら、自分と対話する時間を過ごします。また、季節ごとに親子一緒にダイナミックな遊びも展開します。地域の人の手作りのピザ窯でのピザ作りや流しそうめん、布染めなど、里山地域に暮らす方たちに応援してもらいながら、里山での暮らしを体験します。

里山での初めての活動日は、新緑に包まれた中、親子でピザ作りに挑戦しました。「カマドが熱くなってるよー」と、朝から薪をくべてくださっていた地域の方の合図で、ピザ作りが始まりました。米粉と片栗粉の生地に野菜やウインナーなど、自分たちの好きな具材をのせて、ピザ窯に入れて焼きました。ピザでお腹を満した後は、染め紙にチャレンジ。三角に折った和紙に好きな色を染み込ませていきます。色を染めながら想像した模様と、開いてみたときのギャップが面白く、子どもたちは自分の作品を大事そうに木と木の間に張ったロープに干していました。

その後はお散歩です。リュックを背負い、水が張られ田植えを待つ田んぼの脇を進み、緑のトンネルを歩きます。石垣からの水の流れを辿ったり、カエルにワクワクしたり、枝を持って魔法使いになったり。初夏の里山の自然を満喫しました。

また、別の日は、地域の方からいただいた木片で工作し、出来上がった「宝物」を首から下げて、田んぼへお散歩に出かけました。そして子どもたちは裸足で田んぼの中へ。足から伝わる感覚に神経を研ぎ澄ませます。冷たかったり、温かかったり、足がどんどん入っていって、底にはゴロゴロしたものがあったり。頭ではなく感覚で物事を理解していくセンス・オブ・ワンダーの世界がそこにはあります。

幼児期に安心できる環境の中で自然と触れ合い、自分の感覚や気持ちを大事にする経験は、人生をよりよく生きていくための土台作りなのです。

対話の文化を広める大人の学び場 ―教育カフェ・マラソン―

箕面こどもの森学園の生涯学習の場、大人の学び場として、最も多く行ってきた活動が「教育カフェ・マラソン」です。二〇一二年一〇月に社会活動家の湯浅誠さんを話題提供者としてお招きしたのが始まりで、一般の市民の間に対話の文化を広めることを目的として、一〇〇回を目指して隔月開催しています（二〇一七年度までは毎月開催していました)。

「いろんな角度から、教育についての議論を市民レベルで深めたり、広げたりしたい。その積み重ねの先に、子どもたちを豊かに育める社会がある」。そんな思いから、教育カフェを開き続けてきました。実行委員会形式で運営をしていますが、メンバーには学園のスタッフだけでなく、運営委員やカフェ・マラソンの常連の方がなっています。話題提供者は、社会的に意義のある活動をしている方でメンバーとつながりがある人を候補に挙げて、その中からどなたにするかを決めてお声掛けしています。

イベントの当日は、話題提供者の方に四〇分ほどお話ししてもらい、その後、六~八人くらいのグループに分かれて、話題提供者に決めていただいたテーマで熟議します。グループのテーブルは、参加者が気軽に思ったことが話せる雰囲気の場にして、話題提供者にも熟議に加わっていただきます。終わった後に参加者の感想を聞くと、普通の講演会とは違い、参加者同士でいろんな話ができたことで、学びが濃かったと言っていただくことが多いです。

話題提供者を選ぶときは、できるだけ今日的で話題性があるテーマになるように心がけていますが、話題提供者の方の活動内容によって参加者の層が変わります。参加者がいろんな学びのチャンネルを持っていて、そのテーマを共有でき、それについて深めることができる場にもなっています。一方で、このような対話の場が好きだからという理由で毎回のように参加してくれる方もいます。どんなテーマであっても、何かをきっかけに、それぞれの経験をもとにした意見を出し合うことで、毎回のように思いもよらないような気づきを得ることがあります。

第六二回では、篠笛奏者の佐藤和哉さんをお招きしました。彼の演奏会によく行かれているファンの人から、ぜひ一度篠笛を聴きたいという人までいろんな人が参加され、定員いっぱいになりました。佐藤さんの篠笛の演奏と、今に至るまでのライフヒストリーをお聞きした後、「自分の夢を見つけるためには？」「その夢を叶えるために大切なことは？」というテーマで熟議をしました。夢とはそもそもどんなものか、目標とどう違うのかという問いもあり、いろんな観点から対話し、自分の大好きなことを大事にすると夢と出合うことができる、人とのつながりの中で実現していく、直感を大事にしよう……などいろんな意見を共有しました。ふだんは熟議などの対話に慣れていない人も多くいましたが、活発な対話が生まれ、楽しくて学びの多い時間になりました。

第六七回はチームビルディング・プログラムのファシリテーターである波多野貴史さんに来ていただきました。波多野さんに実際にチームビルディングのワークをしていただいた後に、食事をしながら全員でお話をするという新しい試みをしました。初めてお会いする方同士もワークを通して距離が縮まり、打ち解けていきました。安心して自分を出すことができる雰囲気になったので、最後は各テーブルで深い話が生まれていました。

私たち市民が対話を通して新しい関係性を築いたり、学びを深めたり広げたりしていくことで対話する文化が少しずつ浸透していっています。これからも新しいテーマを探しながら、対話の場を続けていきます。

第4章 教育が変われば社会が変わる

もし、教師の思考、感情、態度を変える可能性があれば、
そのときには、多分新しい文明がありうるのです。——クリシュナムルティ

多様な教育の選択肢を広げよう

目的と過程の取り違え

ＳＤＧｓの四番目の目標は「質の高い教育をみんなに」です。その目的は、すべての人が健康で文化的な生活を享受できるようになること、すなわち幸福になることです。そのための手段として「学校」という制度が設けられ、そこで基礎的または専門的な知識やスキルを身につけるための教育が行われます。

日本では、一九世紀末に近代的な学校制度ができて、すべての国民が普通教育を受けることができるようになりましたが、それは自由な個人を育てるのではなく、国家に役立つ人材の育成が目的でした。それでも、それが果たした役割は大きく、国民のほとんどが読み書き計算などの基礎的なスキルと社会的な常識を身につけるようになりました。

しかし、学校という「制度」に内在する問題があることを思想家のイヴァン・イリッチが指摘しています。「学校に子どもを入れるのは、彼らに目的を実現する過程と目的とを混同させるためである。過程と目的の区別が曖昧になると、新しい論理がとられる。手をかければかけるほど、良い結果が得られるとか、段階的に増やしていつか成功するといった論理である。このような論理で『学校化』されると、生徒は教授されることと学習することとを混同するようになる。同じように進級することはそれだけ教育を受けたこと、免状をもらえばそれだけ能力があることだと取り違えるようになる」[*11]。彼のこの言葉は、今日の日本の学校教育にも当てはまります。「子どもは正規の『学校』で学ばなければならない、教育者は教員免許の保持者でなければならない、教える内容は学習指導要領に書いてあるものでなければならない」などなど。このように、教育は「学校」によって独占されています。その結果、今ある学校は、どこでも同じカリキュラムで、同一のことを教えることになっています。たとえ、学校を選ぶことができたとしても、学校によって学ぶ内容や教育の方法に大した違いはないのです。

教える内容は学校制度ができた明治時代とは随分変わっていますが、教育の基本的なやり方はその頃とあまり変わっていないのが日本の学校です。文科省が決めたことを忠実に守って教育するそのやり方は、世界的に見ると時代遅れと言えます。今なすべきことは、子どもの多様な学習ニーズへの対応、学習困難な子どもたちへの対応、外国籍の子どもた

＊11——イヴァン・イリッチ『脱学校の社会』東京創元社

ちへの対応、ICT化やグローバル化への対応、これらを視野に入れた包括的な教育ビジョンを確立すること、そして、それに基づいて学校制度を改革することです。

しかし、教育のやり方だけを変えるのでは今までと同じことを繰り返してしまいます。子どもたちが学校で教育を受けて幸福になることが目的なのです。教育の目的と目的を実現するための過程とを取り違えないようにしなければなりません。

多様な教育の選択肢が必要な理由《わけ》

子どもたちは多様な個性を持っているので、一つの教育方法がすべての子に合っているとは言えません。教育はもっと多様であっていいし、特色のある教育をする学校がたくさんあって、子どもたちが自分の個性に合った学校を自由に選択できるようになったらいいと思います。

多くの国では、公立学校の教育とは違った教育をする学校の設立が認められています。モンテッソーリ学校、シュタイナー学校、フレネ学校、イエナプラン学校、サマーヒル・スクールなど二〇世紀初頭の新教育運動から生まれた学校や、一九六〇年代のオルタナティブ運動から生まれたサドベリーバレー・スクール（アメリカ）やリレスコーレ（デンマーク）などが有名ですが、これらの学校はフリースクール、オルタナティブスクール、インデペンデントスクール、デモクラティックスクールなどの名前で呼ばれています。

アメリカでは一九八〇年代に児童・生徒の人種均等化政策からマグネットスクール（魅力ある特別カリキュラムを持つ公立学校）ができました。また一九九〇年代にはチャータースクール（目的達成に責任を持つ特別認可学校）という民間が運営する公立学校が生まれましたが、その数が増え、現在、生徒数は二八〇万人以上になり、全米の公立学校生徒数の六％を占めています。また、ホームスクーリングも盛んで、一五〇万人から二〇〇万人の子どもたちが家庭で学んでいるといわれています。ホームスクーリングの形も多様で、教科書などを使い保護者等が教師役をつとめるもの、保護者監督のもとインターネットで在宅講座を受けるもの（ラーニング・アット・ホーム）、他のホームスクールの生徒と共に講義を受けるもの（アンブレラスクール）、子どもの自主性に任せて本人の学習する意欲・興味に従って教育を進めるもの（アンスクーリング）などがあります。

アジアでも、韓国、台湾、インド、タイ、フィリピンなどには従来の学校とは異なる子ども中心の教育（オルタナティブ教育）をする学校がつくられ、義務教育の学校として法的にも認められています。国や地方公共団体から助成金を受けている学校も少なくありません。

それでは、なぜ多様な教育が必要なのでしょうか？　第2章で述べたように、「教育は、学ぶ人が『善く生きる』ことの意味を理解し、自分の人生を『善く生きよう』とするのを援助する営み」ですから、一人ひとりの子どもが、自分の善さに気づき、それを発達させ、自分のためや社会のために役立てることが期待されます。したがって、子どもたちが基本的に身につけるべきこととしては、自分も人も大切にできること、自立して生活できること、他の人と協働して仕事ができること、自分の好きなことがわかること、他の人や共同体に役立つことなどが挙げられるでしょう。そのために必要な知識やスキルを学校で身につけなければなりません。

一般的な学力テストで測られる言語的知能や論理・数学的知能も大切ですが、ハワード・ガードナーの多重知能理論[*12]によれば、視覚空間的知能や音楽的知能、身体運動的知能も同様に大切です。また、テストでは測れない内省的知能（自分自身を理解しようとする能力）や対人的知能（他者と関わる能力）もまた重要な知能であるとしています。これらの知能はすべての人に備わっていると考えられますが、普通はそれらのいくつかがその人の際立った特性になり、それらの組み合わせが人の個性を形づくっています。

そのように多様な人の個性を考えたとき、万人に当てはまる教育法はないと言えます。これからの時代、将来必要な知識やスキルを教授するというやり方ではなく、自分の個性を発見し、それを伸ばすために必要な知識やスキルを見つける方法を身につけるように支援すべきです。

そのためには公立校や私立校において、いろんな教育法を創意し、試してみる必要があります。また、今は学校制度の外にあるオルタナティブスクールなどの成功事例を正規の学校にも取り入れるとよいと思います。

学校を変えるためになすべきこと

文科省がこれまで行ってきた教育改革の試みは、たいていの場合、長続きすることがありませんでした。一九八〇年代には暗記学習に特化した「詰め込み教育」が非難されて、「ゆとりの教育」を導入しました。しかし、一〇年もたたないうちに、子どもの学力が低下したと批判され、「基礎基本を徹底して教える」ということに変わりました。そして今は、二一世紀の社会で求められる教育として、「主体的・対話的で深い学び（アクティブ・ラーニング）」を推進しようとしています。これを実現させていくためには、学校現場からのボトムアップの改革を目指すべきだと思います。そのためには各学校の創意工夫を奨励し、そのための人材育成や研究助成をする必要があります。そのときに一番大切なのは、教員一人ひとりの改革への動機づけです。子どもたちが能動的に学習する動機づけとそれがやれる環境を整えない限りアクティブ・ラーニングが実現できないのと同様に、教員の自己改革への強い動機づけと能動的に動ける体制が整わない限り、その実現は難しいで

＊12――人間の知能には、ＩＱテストで測られる言語的知能や論理・数学的知能のほかに、視覚空間的知能、音楽的知能、身体運動的知能、内省的知能、対人的知能などの七つ（または八つ）の異なる知能があるという学説。

しょう。

学校を変えるために最初にやるべきことは、いろいろな先進的事例を調べて、自分たち独自の学校改革のビジョンや教育哲学をつくることです。教職員のみならず保護者や地域の人も巻き込んで時間をかけて議論することによって、自分たちが目指すものの姿が見えてくるでしょう。これまで当たり前と考えていた前提を取り払い、WHYを問うことです。それは単に教育方法だけでなく、学校組織の運営方法も問うものでなければなりません。それから、できれば単独ではなく、いくつかの学校が集まって、それぞれの考えを発表し合い、批判的に検討することも有効です。そして、小さなことでもできるところから改革を進めましょう。最初は小さなことでも、積み重ねればいつしか大きなものになります。

教師もハッピーであること

以前、デンマークの小学校を訪問したときのことです。その学校の校長先生に、民主的教育における教師の役割についてお聞きしたところ、次のような答えが返ってきました。「子どもたちが幸福であることが何よりも大切である。子どもたちが常にそのような状態にあるように教師が配慮しなければならない」「授業が始まる前に先生が子どもの声を聴くことも大事である」「子どもたちが自由を感じることも大切だが、単に一人の生徒の自由だけでなく、全員が自由でなければならない」。また、この学校の特徴として、「教師の責任感が強い。教師と親との関係が良好である。よい雰囲気が保たれている」ということを挙げられました。

実際に学校内を見学したとき、この学校の先生たちの教育に対する思いや生徒と先生の間の信頼関係が、生き生きとしている子どもたちの表情や態度に反映されているように感じました。

ユネスコ・バンコク事務所が提唱する「ハッピースクール・プロジェクト」では、子どもの幸福を促進するためには、学校全体での取り組みが必要だと主張しています。それは、学校コミュニティのすべての側面が生徒の健康と幸福、また教師の健康と幸福に影響を与えており、学習と幸福は密接に関連していると考えているからです。また、教師の健康と幸福が、生徒の健康と幸福だけでなく、生徒の学習を成功に導く重要な要因だと考えています。

学校管理者や教師は、学校と生徒の幸福の実現にとって最も重要な役割を担っています。学校管理者は、教師たちの労働環境や職業能力を最適化する立場にあります。また、生徒中心の学習内容や方法の選択を推進していくのに中心的な役割を担います。

教師は学習内容や方法の選択によって成功する学習の条件をつくり、生徒が学ぶ内容や方法に大きな影響を与える存在です。また、彼らの日々の行動や態度も、生徒の学習や生活に大きな影響を与えます。そのため、教師は生徒の幸福の促進において、とても特別な立場にあると言えます。教師の働き方や、教師自身が幸福を感じる度合いによって、学校が実りある学習を促進する場所になれるかどうかが決まるといっても過言ではありません。

教師が子どもの幸福を促進しようとするとき、まず教師自身が幸福であることに自覚的でないといけないと思います。自分は本当にこの仕事が好きなのか、このことを幸福と感じているのか、この仕事を通じて自分らしく生きているのかを問う必要があります。心理療法家のカール・ロジャースは、教師の望ましい資質として、Authenticity（信頼性・真正性）を挙げています。教師が真実の人間、つまりあるがままの人間として生徒と関わるなら、効果的にその子の学習を促進できるようになると言っています。[*13]

教師が生徒の学習と幸福を促進する人として真正に子どもたちに接すれば、自ずと信頼感がクラス全体を包みます。そのようになれば、生徒も教師も学校での毎日をきっとハッピーに感じるでしょう。そのような先生がもっと増えれば、子どもにも大人にもハッピーな学校になることでしょう。

学び続ける共同体のガイドライン

私たちは、地球環境の悪化や世界情勢の混沌化、経済や文化のグローバル化、少子高齢化などの課題を抱えた、先行きが不透明な時代に生まれ育つ子どもたちに、生きるためには何が重要か、将来、自分は何をやるべきかを考える教育を行ってきました。

未来のことは誰もわからないし、今よりも良くなるかも、悪くなるかもしれませんが、そうなるかどうかは自分たち次第であること、未来は自分たちの手で創ることができるということを子どもたちだけでなく大人たちにも知ってもらいたいと思っています。そのためには、口で言うだけではなく、私たちがそのことを身をもって示さなければならないと思っています。

第3章で述べたような経緯で、私たちの活動を子どもの教育だけではなく、それを取り巻く社会そのものをよい方向に変えていかなければならないと考えました。とは言っても私たちができる範囲は限られているので、そのような志を同じくする個人や団体あるいは地方自治体と協働していくことが大事だと思っています。

私たちのできることは、対話の文化を広げて人と人の関係性をよくしていくこと、文化的教養や科学的知識を増やしながらモノとの関係性をよくしていくこと、自然と共生する暮らし方を実践し、自然との関係性をよくしていくことなどですが、それらの活動を通して、民主的で平和な市民社会や持続可能な社会の実現を目指しています。

＊13――カール・ロジャーズ『人間尊重の心理学』創元社

私たちは、ビジョンミーティングでつくった将来ビジョンの図をもとに、二〇一八年一月にそれらの活動を進めていくための活動指針づくりを開始し、多くの議論を重ねて「学び続ける共同体の活動指針（通称「ガイドライン」）」をつくりました（巻末資料2に所収）。

このガイドラインをつくるに当たって「イエナプラン二〇の原則」[*14]を参考にしましたが、私たちが望ましいと考える社会のイメージとそれを実現するための教育のあり方を独自に考えることにしました。

なるべく簡潔に表現した方がいいと考え、「人間について」「学びについて」「未来の社会について」の三つのカテゴリーで一〇項目くらいにまとめることにしました。

「人間について」は、次の二項目にまとめ、人間は個人として尊重されるべきこと、生まれたときから生涯を通して学び続ける存在であることを明記しました。

01　すべての人は、世界にたった一人しかいないかけがえのない存在であり、独自の人格を持った個人として尊重される。〈個人の尊重〉

02　すべての人は、生まれながらに〝善く生きよう〟とする資質を持っている。それを

発達させるために学び続ける。〈学び続ける存在〉

「学びについて」は、子どもの教育だけでなく、大人の学びも含めた生涯学習の観点から書くことにしました。「学び」という行為が、本来、主体的で能動的なものであること、「学びの場」は生きる力を育む場であること、学ぶ人と学びを支援する人とが学び合う場であることなどを書いています。

03　学びとは、真似る、遊ぶ、探究するなど、学ぶ人の主体的で能動的な活動である。学ぶ人は、発見する楽しさや創造する喜びを感じながら、生きるために必要なことがらを学ぶ。〈主体的で能動的な学び〉

04　学びの場（学校）は、学ぶ人たちが安心して自分を表現し、好奇心や探究心を発展させることのできる場であり、自立する力や協働する力、創造する力が育まれる場である。〈生きる力を育む場〉

05　学びの場（学校）は、学ぶ人と学びを支援する人が共に学び合う場である。そして、共に学校を支える一員として、学校の運営に民主的に参加する権利と責任がある。

＊14――イエナプラン教育に携わる人たちの活動指針で、「人間について」「社会について」「学校について」に関する二〇の項目がある。

06 〈学びの共同体〉

学びの場（学校）では、適切な学習材をもとに個人またはグループで学習が進められるが、対話や話し合い、体験を通して学ぶことが重視される。〈対話と体験の重視〉

07 学びを支援する人は、あるがままの人間として学ぶ人と関わり、その人を一人の人間として尊重し、その行動や態度を共感的に理解するよう努める。〈真正性と共感的理解〉

「未来の社会について」は、未来の社会が、自分らしく生きることができる社会であること、利益によるつながりよりも信頼によるつながりが重視される社会であること、持続可能な経済を営む社会であること、対立を話し合いで解決する平和な社会であることなどを書いています。

08 わたしたちは、人生を自分自身で決め、自分らしく生きることを願っている。そのために、すべての人が自由に考え行動し、互いの自由を認め合う社会を創っていく。〈自分らしく生きることのできる社会〉

09 わたしたちは、生活の便利さや物質的な豊かさだけでなく、人と人との信頼関係が大切だと考えている。そのために、人びとが共感でつながり、信頼価値が増幅するような社会的活動をしていく。〈信頼によって結ばれる社会〉

10　わたしたちは、人間と自然が共生する〝持続可能な社会〟を願っている。そのために、自然や多様な文化を尊重し、現在および未来に生きるすべてのものを大切にする経済活動を行っていく。〈共生的で持続可能な社会〉

11　わたしたちは、人びとの多様な価値観や生き方が認められ、少数の人たちの意見も尊重される民主的で平和な社会を願っている。そのために、あらゆる対立を脅しや暴力によってではなく、対話や話し合いを通して平和的に解決していく。〈民主的で平和な社会〉

このような未来社会のビジョンと行動原則を私たちの活動指針としました。私たちはこの原則のもとに子どもや大人の教育を中心にして、社会を変えていきたいと思っています。私たちだけでなく、このように教育や社会を変えようという動きが、日本のあちらこちらで起こっています。今はわずかな点にすぎませんが、それらの点がつながって線になり、さらに網の目のようにつながったとき、教育ばかりでなく、経済も社会も大きく変わるでしょう。その日が来るのはまだ先のことかもしれませんが、まずは気づいた人が先に動いてみましょう。それが社会を変える確実な一歩になります。

あとがき

私たちの学校ができてから一〇年目を迎えたとき、『こんな学校あったらいいな　小さな学校の大きな挑戦』という本を出版しました。それから六年たって二冊目の本『みんなで創るミライの学校　21世紀の学びのカタチ』を出版することができました。この本には、その後の六年間に学校で起こった出来事、前著では触れなかった学校運営の話、NPO法人の事業のことなどを書いていますが、その頃と大きく変わったのは、入学希望者や見学者が増えたことです。この間に人々の意識が大きく変わってきたことを物語っています。

以前は、私たちのようなオルタナティブスクールを小学一年生から選ぶ人は稀でしたが、最近では定員を超える入学希望者があります。入学を検討されている子どもさんや保護者の方のほかにも、自分たちの学校をつくりたいと思っている人、大学の研究者や学生、小中学校の先生などが全国から見学に来られます。

文部科学省が学習指導要領を改訂し、「主体的・対話的で深い学び」を推進するようになったこともあって、私たちが行ってきた「子どもが学びの主人公」「学ぶと生きるをデザインする」という教育が注目されるようになってきました。

注目されてきたもう一つの要因に、学校のサイズがあると思います。今、全国で小規模学校の数が急速に増えています。少子高齢化が進む中山間地域では特にそうです。各市町村では、小中学校を統廃合する計画が行われていますが、その一方で、小規模校の特性を生かして、特色のある教育をする学校をつくることによって、まちの魅力を創出し、子育て世代の移住を促進しようという動きがあります。その参考にと教育委員会や地方自治体の職員の方が私たちの学校を視察に来られます。

また近年、地球上のすべての人が自分らしく幸福な生活が送れるようにしようというSDGs運動が広まっています。ESDはまさにそのための基盤となる教育ですが、私たちの学校は、日本でESDを積極的に行っている学校として認知されつつあります。

こうしたことから、これまで手探りで積み重ねてきた私たちの教育が、持続可能な未来を創っていく基盤になるのだという確信を持つようになりました。『みんなで創るミライの学校』のコンセプトを共有する学校が、日本や世界の各地に増えていくことを願っています。そして、それに共感される方たちとご一緒に、みんなが自分らしく生きられる幸福な社会を創っていきたいと思っています。

最後に、二冊目の本の出版を快諾してくださった築地書館の土井二郎社長、スタッフのみなさん、ていねいな校正をしていただいた西山涼香さん、こどもの森のスタッフ、子どもたち、保護者、NPO法人会員のみなさん、その他私たちを支援してくださっている方々、そして、持続可能な未来を創る活動の中で出会った方々に心から感謝申し上げます。

資料 1

こどもの森教育のエッセンス

二〇一八年一一月二八日作成

私たちは、こどもの森学園の教育を通して、子どもたちが自立する力や協働する力、創造する力を養い、人生を幸福に生き、民主的で持続可能な社会を担う人に育ってほしいと願っています。

健やかな心とからだを育む

01 子どもたちは、日々遊んだり、話したり、からだを動かしたりします。その中でいろいろな考えや感情が生まれ、それを表現することによって、心とからだの健やかな成長の土台が築かれます。〈自分を表現する〉

02 子どもたちは、好奇心や探究心から、初めてのことや少し難しいことにチャレンジし、自分のできることの範囲を広げます。〈チャレンジする〉

03 子どもたちは、何を学びたいか、どのような方法で、どのような進度で学ぶかを自分で計画して、学習に取り組みます。そして、学んだことを振り返ります。このことに

よって、自律して学習する習慣を身につけます。〈自律して学習する〉

04 子どもたちは、遊びや学習、自然との触れ合い、周りの人たちとの関わりの中で、自分のやりたいことに出会います。それを追求することによって、自分の人生をデザインする力が養われます。〈人生をデザインする力を養う〉

人とよい関係を築く

05 子どもたちは、日々の活動の中で自分を大切にするとともに、他の人も大切にすることを学びます。このことによって、自分を信頼する気持ちや他の人を思いやる気持ちが育まれます。〈自分も人も大切にする〉

06 子どもたちは、異なる年齢や性別、個性や背景を持った人たちと話し合い、協力しながら、ものごとに取り組みます。このことによって、他の人を理解し信頼する気持ちが育まれます。〈協力して活動する〉

07 子どもたちは、集会などにおいてものごとを決めるときは、多数決ではなく、全員が納得いくまで民主的に話し合います。対立が起こったときは、対話して平和的に解決します。〈対話して問題を解決する〉

世界とつながって生きる

08 子どもたちは、自分が世界とどうつながっているのかを知るために、ものごとを多角的にそして全体的に考えます。〈多角的・全体的に考える〉

09 子どもたちは、人と社会、人と自然が深くつながっていることを理解し、地球環境の保全と人類の発展が調和する平和で持続可能な社会づくりに貢献します。〈持続可能な社会づくりに貢献する〉

資料
2

学び続ける共同体の活動指針（ガイドライン）

二〇一八年七月二九日作成

わたしたちは、次のような原則とビジョンを共有し、自分らしく生きるため、そして、よりよい社会を創るために学び、行動します。

人間について

01 すべての人は、世界にたった一人しかいないかけがえのない存在であり、独自の人格を持った個人として尊重される。〈個人の尊重〉

02 すべての人は、生まれながらに〝善く生きよう〟とする資質を持っている。それを発達させるために学び続ける。〈学び続ける存在〉

学びについて

03 学びとは、真似る、遊ぶ、探究するなど、学ぶ人の主体的で能動的な活動である。学

ぶ人は、発見する楽しさや創造する喜びを感じながら、生きるために必要なことがらを学ぶ。〈主体的で能動的な学び〉

04 学びの場（学校）は、学ぶ人たちが安心して自分を表現し、好奇心や探究心を発展させることのできる場であり、自立する力や協働する力、創造する力が育まれる場である。〈生きる力を育む場〉

05 学びの場（学校）は、学ぶ人と学びを支援する人が共に学び合う場である。そして、共に学校を支える一員として、学校の運営に民主的に参加する権利と責任がある。〈学びの共同体〉

06 学びの場（学校）では、適切な学習材をもとに個別の学習やグループでの学習が進められるが、対話や話し合い、体験を通して学ぶことが重視される。〈対話と体験の重視〉

07 学びを支援する人は、あるがままの人間として学ぶ人とかかわり、その人を一人の人間として尊重し、その行動や態度を共感的に理解するよう努める。〈真正性と共感的理解〉

未来の社会について

08 わたしたちは、人生を自分自身で決め、自分らしく生きることを願っている。そのた

めに、すべての人が自由に考え行動し、互いの自由を認め合う社会を創っていく。〈自分らしく生きることのできる社会〉

09 わたしたちは、生活の便利さや物質的な豊かさだけでなく、人と人との信頼関係が大切だと考えている。そのために、人びとが共感でつながり、信頼価値が増幅するような社会的活動をしていく。〈信頼によって結ばれる社会〉

10 わたしたちは、人間と自然が共生する〝持続可能な社会〟を願っている。そのために、自然や多様な文化を尊重し、現在および未来に生きるすべてのものを大切にする経済活動を行っていく。〈共生的で持続可能な社会〉

11 わたしたちは、人びとの多様な価値観や生き方が認められ、少数の人たちの意見も尊重される民主的で平和な社会を願っている。そのために、あらゆる対立を脅しや暴力によってではなく、対話や話し合いを通して平和的に解決していく。〈民主的で平和な社会〉

著者連絡先

認定NPO法人コクレオの森
　箕面こどもの森学園

大阪府箕面市小野原西6-15-31

〒562-0032　tel&fax：072-735-7676

e-mail：info@cokreono-mori.com

著者紹介

辻 正矩（つじ・まさのり）

大学で建築学を学び、卒業後、建築設計事務所に勤務。その後、大阪大学、名古屋工業大学、大阪工業大学などで建築計画と建築設計を教える。大学生の学習意欲のなさから日本の公教育のあり方に疑問を持つ。フリースクールの存在を知り、日本や海外のフリースクールを多数視察する。1999年に「大阪に新しい学校を創る会」を立ち上げる。2004年、箕面市にNPO法人立「わくわく子ども学校」が開校、校長になる。認定NPO法人コクレオの森前代表理事。学校法人きのくに子どもの村学園理事。著書に『小さな学校の時代がやってくる スモールスクール構想・もうひとつの学校のつくり方』（築地書館）、共著に『こんな学校あったらいいな 小さな学校の大きな挑戦』（築地書館）。［写真右上］

藤田美保（ふじた・みほ）

小学生のとき、『窓ぎわのトットちゃん』を読み、自由な学校に憧れる。その後、小学校教諭を経て大学院に進学し、市民による学校づくりを目指す。2004年に「わくわく子ども学校」（現・箕面こどもの森学園）常勤スタッフとなり、2022年から認定NPO法人コクレオの森理事。共著に『こんな学校あったらいいな 小さな学校の大きな挑戦』（築地書館）、『気候変動の時代を生きる 持続可能な未来へ導く教育フロンティア』（山川出版社）。［写真左上］

守安あゆみ（もりやす・あゆみ）

ニイルの自由教育を学んだ両親のもとで育ち、大学で教員課程を学んだが、学校教育に疑問をもち教師にならず、一般企業へ就職。子どもが「わくわく子ども学校」に入学すると同時に自身もスタッフとして参加。2012年に常勤スタッフになる。認定NPO法人コクレオの森理事。現在、認定子育てHATマイスター、メンタルファウンデーション認定コーチとして、子育て支援活動やコミュニケーション講座の活動もしている。共著に『こんな学校あったらいいな 小さな学校の大きな挑戦』（築地書館）。［写真右下］

佐野 純（さの・じゅん）

私立の中高一貫の進学校で偏差値による序列ができるのを経験し、そこに課題意識を持つ。教育に携わろうと学習塾を運営する企業に就職し一斉指導の講師を勤めるが、違和感を覚えて退職。その後『学び合い』を実践する学習塾に出合い、教室責任者として活動しながら、対話の場や子育て支援の講座などを企画・運営。その頃に多様な教育を推進する活動の中で箕面こどもの森学園に出合う。非常勤スタッフとなり、中学部開設準備会メンバーに。2022年から箕面こどもの森学園校長。［写真左下］

みんなで創るミライの学校
21世紀の学びのカタチ

2019年11月15日　初版発行
2023年　2月10日　2刷発行

著者　　　　辻 正矩・藤田美保・守安あゆみ・佐野 純
発行者　　　土井二郎
発行所　　　築地書館株式会社
　　　　　　東京都中央区築地7-4-4-201　〒104-0045
　　　　　　TEL 03-3542-3731　FAX 03-3541-5799
　　　　　　http://www.tsukiji-shokan.co.jp/
　　　　　　振替 00110-5-19057
印刷・製本　シナノ印刷株式会社
造本装丁　　吉野 愛
写真撮影　　藤丸浩志

© Masanori Tuji, Miho Fujita, Ayumi Moriyasu, Jun Sano
2019, Printed in Japan ISBN 978-4-8067-1591-7

・本書の複写、複製、上映、譲渡、公衆送信（送信可能化を含む）の各権利は築地書館株式会社が管理の委託を受けています。
・JCOPY〈(社)出版者著作権管理機構 委託出版物〉
本書の無断複製は著作権法上での例外を除き禁じられています。複製される場合は、そのつど事前に、(社)出版者著作権管理機構（電話 03-5244-5088、FAX 03-5244-5089、e-mail : info@jcopy.or.jp）の許諾を得てください。

●築地書館の本●

こんな学校あったらいいな

小さな学校の大きな挑戦

辻正矩＋藤田美保＋守安あゆみ＋中尾有里［共著］
1,600円＋税

世界中のフリースクールから学んで誕生した「箕面こどもの森学園」。この学校では、子どもたちが自分で時間割を決め、自分のペースで考え、調べ、体験して学んでいる。

私たちが目指す、ひとつの教育のあり方を、苦労と歓びの10年が鮮やかに浮き彫りにする。

遊びが学びに欠かせないわけ

自立した学び手を育てる

ピーター・グレイ［著］吉田新一郎［訳］
2,400円＋税

異年齢の子どもたちの集団での遊びが、飛躍的に学習能力を高めるのはなぜか。

狩猟採集の時代の、サバイバルのための生活技術の学習から解き明かし、著者自らの子どもの、教室外での学びから、学びの場としての学校のあり方までを高名な心理学者が明快に解き明かす。

一人ひとりを大切にする学校

生徒・教師・保護者・地域がつくる学びの場

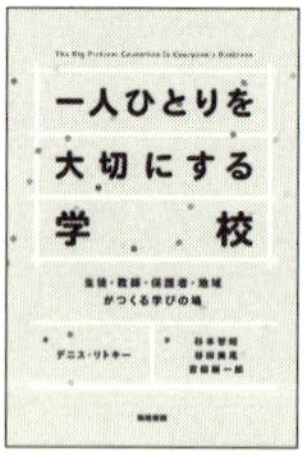

デニス・リトキー［著］
杉本智昭＋谷田美尾＋吉田新一郎［訳］
2,400円＋税

これまでの学校で「勉強が苦手」だと思われていたり、「落ちこぼれ」というレッテルを貼られてきた生徒が、自ら学び、卒業後も成長し続けられるようになる学校の理念とは。

アメリカの小規模公立学校でありながら、全米・世界の100校ものモデルとなったMETの共同創設者がその理念と実践を語る。